Pierre Cardin

ピエール・カルダン

ファッション・アート・グルメをビジネスにした男

シルヴァナ・ロレンツ◎著
Sylvana Lorenz

永瀧達治◎訳
Tatsuji Nagataki

駿河台出版社

目次

投げ縄の曲線がヒントの“ラソーライン”(58年春夏)。
写真提供◎ピエール・カルダン ジャパン株式会社

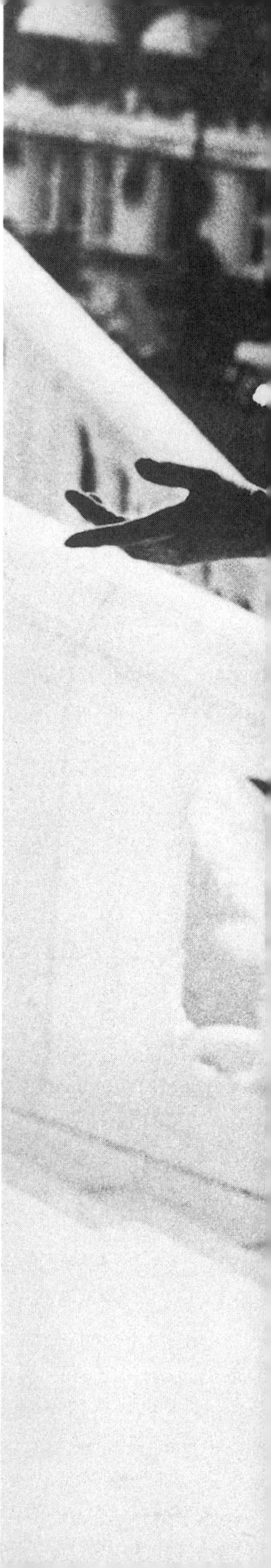

宇宙服のようなヘッドウェア、ビニール素材使い、ジッパーのアクセサリー使い等、新しい宇宙時代を予感させるライン“コスモコール”(1967年)。写真提供◎ピエール・カルダン ジャパン株式会社

中国寺院の屋根にヒントを得た肩のシルエットが特徴の“パゴダライン”（1979年）。写真提供◎ピエール・カルダン ジャパン株式会社

映画作品に出演するピエール・カルダンとジャンヌ・モロー。
写真提供◎ピエール・カルダン ジャパン株式会社

コートダジュールのポール・ラ・ギャレールに建築家アンティ・ロヴァによって建てられたすべてが曲線のみで構築された別荘。写真提供©ピエール・カルダン・ジャパン株式会社

1992年12月２日、ピエール・カルダンはアカデミー会員となる。剣も自らがデザインした。写真提供◎ピエール・カルダン ジャパン株式会社

移民、パリ、そしてクリスチャン・ディオールのもとへ

Pierre Cardin 1922

第1章 移民列車

Pierre Cardin 1922——1952

列車がモン・スニ峠のトンネルに入ると、乗客たちは暗闇に包まれた。

子どもにとって、トンネルはずいぶん長く感じられ、突然、視力を失ったのかとさえ思った。機関車の噴き出す煙が窓から洩れ入ってくる。喉や鼻がいがらっぽく感じ、子どもはむせた。母親の腕に守られるように抱かれていても、子どもは落ち着かない。

薄明かりに少しずつ目が慣れた頃、やっと天井の青白い照明が遅ればせながら灯り、視界が蘇る。子どもは不安そうな父親の顔を見て、さらに不安を高め、今度は泣き出した。

母親はハンカチを取り出すと、優しく涙をふき取り、子どもをなだめる。コンパートメントの他の乗客がそれを見ている。子どもは恥ずかしくて、コートの毛皮の襟に顔を隠した。そのコートは出発前に駅近くの店で両親が買ってくれたものだ。

列車が、やっと昼の光を取り戻したとき、子どもは母親の膝に乗り出して、鼻先を冷たい車窓にくっつけた。圧倒されるほど巨大な山が遠のくのを見て、子どもはようやく落ち着きを取り戻していた…。子どもは、その時、自分の定められた運命が、生れ故郷のイタリアを背にしていることなど知る由もない。

ヴェニスに近い、生れ故郷サンタンドレア・ディ・バルバラーナの貧しい村を後にして、両親と共に南フランスへ向けて脱出の旅。それはピエール・カルダンが二歳のときだった。

一九二二年七月二日に彼は生れた。その時、父、アレクサンドル・カルダンは四六歳、母、マリー・モンタニェは四五歳。彼は六人兄弟の末っ子だった。

「私は年寄りの子どもなんだ！」、カルダンが好んで口にする言葉だ。それは親が年寄りの子どもは他の子どもよりも優れているという言い伝えがあることを知っての彼の軽い自慢でもあった。

静かに流れるピアヴェ川の恵みを受け、小麦やトウモロコシ、葡萄などの畑が広がる生れ故郷の村は小さな墓地や水車、そして小さな学校と教会があるだけだった。教会の鐘の音は周囲の農地や葡萄畑に響き渡る。

美しい季節を迎えると、村を囲むたくさんのポプラの木々の葉を揺らし、風が駆け抜ける。樹齢百年のプラタナスの街路樹がヴェニスに抜ける大きな道路沿いに五〇キロ以上も続く。煉瓦造りの大きな農家が点在する。湿地を避けて築かれた、それら豪農の館は彫刻を施した重厚な門で閉じられている。アレクサンドル・カルダンはこの地の地主で葡萄園のオーナーでもあった。家族で大きな農園を維持し、周囲は見渡すばかりの葡萄畑に囲まれていた。家はその地方の典型的な造りの館だった。煉瓦造りの大きな屋根、煉瓦仕立ての正面口、鉄掛け具のついた木の鎧戸の窓。道路と敷地の間には小さな溝があり、正門には樹齢百年のプラタナスの大木が二本。一階は馬や牛小屋、二階には乾し草。

彼、ピエールが生れたのは、この壁裏に隣接した夫婦の寝室だった。柏の木の小さなベッドの上で生れたカルダンも柏の木のごとく頑丈な体をしていた。

家計の足しになるように、父アレクサンドルは食物貯蔵庫を利用して、天然氷の販売業も営んでいた。雇用人を伴い、ドロミテの山腹まで出かけ、氷を仕込んでは村に持ち運ぶのである。

道具を積み込んだ荷馬車を何台か連ね、真冬に鹿やマーモットの徘徊するエゾマツや松の暗い森を通り抜けて、山の麓まで辿り着く。そこから山の斜面を這い上がり、雪の積もる山腹に到着する。

そこで苦労して氷の塊を鋸や斧で切り出すと、寒さにもかかわらず、ごわごわした衣服の下には汗が滴る。寒さでかじかんだ指の痛さに顔をしかめながらも、リズミカルな仕事の動きを止めることはない。そして、重い荷を背負いながら坂道を降り、山のかなり下の急傾斜の岩場に置いてある荷車まで氷を運ぶ。

それは体力の続く限りの繰り返し作業で、山頂に運んでは再び落ちる岩を再び山頂へ運ぶというギリシャ神話のコリント王シシュフォスに与えられた刑のごとく無限に続く重労働でもあった。石ころや砂だらけの道を通り、荷が村に着くと、藁を敷き詰めた穴に氷を埋める。やがて、暑い季節になると切り出して販売するのである。

『考えてみると、私の人生は父親の人生とそんなに違わなかったような気がします。私にとっても彼と同様、人生は常に闘いで、そして同じ忍耐を要求されましたから。幸いにして、私の対価はもっと大きかったのですが！幸せなシシュフォスなのですよ、私は！』

実際、彼の父親は息をつく暇もない人生だった。というのも、この重労働をやり遂げた後は葡萄畑の仕事が彼を待っていた。当時は水道も電気もない時代なので、それに要する仕事量を考えれば、まさに耐え難い生活といえる。

厳しい冬の間には葡萄の株を刈り込まなくてはならない。その時にも身を刺すような寒さに耐えなくてはならない。四月になると土を耕し、五月半ばには摘芽作業が始まり、そして、夏の終わりに強い日差しの中で収穫の季節となる。

それらの作業の微妙な段取りにはかなりの知識と技術が要求され、アレクサンドルがすべて知り尽くしていたわけではない。豊作の年もあり不作の年もあり、痩せた葡萄畑だけからの収入では、大家族が食べていくのもやっとだった。

ピエールの記憶の中では、この葡萄畑が最初のイメージだ。そして、彼は葡萄畑の作業に必要な丈夫な体を引き継いでいた。

現存するのはわずかだが、当時の写真を見ると、彼はまるで絵に描かれたバッカスのそばにいる小天使を思わせる。美味しそうな葡萄に魅せられ、つま先で取ろうとする小天使。それはまさしく人生の歓びを求め続けた彼自身の人生そのものをシンボライズしているかのようだ。

成人して、カルダンはその地方の白ワイン、プロセッコにこだわる愛飲家となる。まさしく魔法の醸しだす味、それは彼が記憶の中で美化し、再構築した子ども時代の思い出を呼び起こす。その記憶は彼の好物であるリゾットでも蘇る。丸い粒の米で、あの美味なるべとつき感…。

この地方に長く滞在した女流作家ジョルジュ・サンドはこう書いた。

《ヴェニスの人間には過剰な歓びを求める性格がある。彼らの大罪とは食いしん坊であること。だが、おしゃべり好きで人生を謳歌する食いしん坊なのだ》

第一次戦争が起こり、イタリアは一九一五年から一九一八年まで連合国側について参戦した。まず、その戦争がカルダン家と故郷との関係に最初の一撃を加えた。

一九一七年末、イタリアの戦況は窮地に陥っていた。十月のカポレートでの敗戦の後、イタリア軍は敗走し、ピアヴェ川を前線として再編制していた。勢いづいた敵軍の侵略をそこで食い止めようとしたのだ。

特に、サンタンドレア・ディ・バルバラーナにあるサン・ビアジオ・ディ・カラルタという村での戦闘が最も激しかった。一九一八年六月一五日から二一日にかけて、オーストリアとハンガリーの同盟軍が猛攻撃をかけて、ヴィットリオ・エマヌエレ三世の従兄弟にあたるエマヌエレ＝フィリベルト・ディ・サヴォイワ公爵の率いるイタリア第三軍団に止めの一撃を加えた。

この戦闘は六月二一日にちなみ《夏至の戦い》と名付けられたが、イタリア側の勝利に帰した。だが、不幸にも爆撃によって葡萄畑は壊滅、一家の所有地は地雷原となってしまった。

戦争が終わって四年たっても、カルダンの両親のもとには復興に必要な戦争補償金が支払われることはなかった。数ヵ月後、十八歳になる姉のジャニーヌが、外国からの労働力を必要としていた南仏アヴィニョンへ働きに出た。

この姉の旅立ちが一家の運命をフランスに向かわせた。他の三人の姉妹たち、テレザ、パルミラ、そしてアルバも、フランス、イゼール県ラ・トゥール・デュ・パンの修道院にある織物工場へ働きに出た。

八歳になる息子のエルミニオはパドゥエにいる母方の叔父のもとに引き取られた。そして、ついに両親は末っ子のピエトロこと、ピエール・カルダンを連れて、故郷を去る決心をした。

一家のこの大事件が、後に二十世紀のパイオニア的人物、ピエール・カルダンの稀有なる運命の幕開けとなったのである。

少年時代に彼は両親と共に、一度だけ故郷の村に戻ったことがある。激しい好奇心に捉われて、自分の生れた一軒の農家を見ていた。

その頃はまだ一家の所有地で、回りには葡萄畑、瓦の屋根、入り口には素晴らしいプラタナスの樹、そして、自分の生れたベッドなど、そこにはまだ自分の幼児期の残骸が残っていた。それらをじっと見つめながら、少年は、その土地に根付いた旧家の主《あるじ》としてのパドローネ（パトロン）精神を自らの血脈の中に蘇らせていた。

彼は自分が持っている勤勉さ、我慢と忍耐強さ、冷静で、幸福感に満ちた自分の生来の性格のすべてが、その土地に起因することを自覚した。それは、その後の彼の途方もない人生の道程を大いに助けることになる。

後になっても、家族のこうした苦難の道を事細かく思い起こしてみれば、自分がなぜ長いキャリアを通じて、常に粘り強く、情熱を込めて自分の事業の発展にここまでこだわってきたのか、そんな自分自身を理解することが出来た。

美しいが、厳しい生活を強いられる故郷を捨て、晩年になって、見知らぬ異国で新たなチャンスを求めるという、この両親の物語に、リスクを愛するカルダンの性格も起因しているのだ。


フランスでの当初の生活は、父アレクサンドルの不安定な職次第だった。当時のイタリア移民の仕事といえば、炭鉱が主で、就職もそれに関連したところだった。

しばらく、リヨンに近いフィルミニの製鉄所で働いた後、一家は既に三人の姉妹が修道院で世話になっていたラ・トゥール・デュ・パンに居を定める。

幹部尼僧の紹介で、父アレクサンドル・カルダンも別の職を得た。この小さな町に到着してまもなく、両親は自分たちと子どもたちのためにフランス国籍を取得することが出来た。

この時期について、ピエール・カルダンは路地にあった三階建ての家と、屋根裏部屋にあった保存用林檎の香り、そして、隠れてその林檎を齧《かじ》っていたことなどを漠然と思い出す。

だが、この時、彼には心の奥にこびりつく初めての恥辱の思い出がひとつある。学校の仲間から投げ掛けられた侮辱の言葉…《汚いマカロニ野郎》。この日以来、彼の中に社会的復讐への欲求が芽生え、後に見事な成功によって、それを達成することになる!

事実、三十年代当時は移民イタリア人がフランスにおける外国人差別の被害者だった。

イタリア系移民の家庭に生れた作家、フランソワ・カヴァナはユーモアを込めて「レ・リタル（イタ公たち）」という作品でこうした差別を巧みに描いている。まだ恐慌前であり、労働力不足で、国は多くの外国人労働力に門戸を開いていた。特にイタリア人は北仏の炭鉱労働、または南仏の農作業に従事していた。

だが、やがて、恐慌により国内での失業が増えると、移民労働者に対するフランス人たちの憎悪と復讐が始まる。おかしな外国訛りの《侵入者》が大挙して押し寄せる上に、その中にはムッソリーニを支持するファシストも含まれているという政治的脅威もあった。

国民の大半が外国人労働力をひとつの脅威とみなしていた時代。当時のことがトラウマとなり、既にピエトロからピエールというフランス式の名前になっていた少年は、それからもずいぶん長い間、自分がイタリア出身であることを自ら敢えて口にすることはなかった。幸いなことに姓はフランス風の響きであったので疑われることもなかった。

彼がイタリア人として生れたことを公表したのは、後にフランスのオート・クチュールを代表する《大使》のひとりとなってからのことである。

第2章
天職との邂逅
Pierre Cardin 1922——1952

父アレクサンドルが武器工場での新しい仕事に就いたことから、カルダン一家は、さらにサン・テティアンヌ郊外のラ・リカマリへの引越しを余儀なくされた。二階建ての家で庭と泉が付いていた。八歳になっていたピエールは内気でおとなしかったが、短気なところもあった。両親は彼が安定した人生を送るよう出来る限りのことをしたが、彼は常に両親からの励ましを必要としていた。

この時代にピエロに扮した一枚の写真がある。パントマイムでは伝統的なパーソナリティ。白い衣装に白粉を塗った顔、そして物憂げな眼差し。その端正な顔つきには既に後の美青年ぶりが伺える。

彼はひとり遊び、特に自然の様子を観察するのが好きだった。家の回りで、オタマジャクシが素晴らしい変態を経て、カエルになることを発見する。この自然のスペクタクルこそが、変身行為を自ら手掛けるアイデアの発端となったに違いない。

その機会は同じ歳のクロディーヌという少女によってもたらされた。彼女が見せた人形の美しさに魅せられて、ピエールはすぐに何かを着せたい衝動に駆られたのである。

『残念なことに、それは女の子専用のオモチャだったのですが、私にとっては見た目を変える創造の対象として理想的なものでした。

私は「人形を貸してくれれば、母親からもらった布切れで素敵なドレスを作るから…」と、出来るだけ優しく、女友達の説得にかかったのです。

彼女は私が人形に異常な関心を示すことに不安を感じ、躊躇していました。私は何とか目的を達成しようと、彼女のご機嫌を一生懸命取ろうとするのですが、無駄でした。

そこで、彼女が目を離した隙に、私は人形を自分の部屋に隠してしまったのです。クロディーヌはそれに気付くと自分の母親に何とかしてくれと泣きついたのです。私は困惑しながらも、シラをきっていました。

でも、捜索の末、犯行物件はすぐに見つかってしまい、元の持ち主に戻されてしまいました。怒り狂った私は裏切り娘に制裁を加えてやろうと、庭でアザミの草を拳に掴むと、彼女の長いブロンドの髪の毛の中にねじ込んでやったのです！』

そんな息子の常軌を逸した行動に驚いた父親は彼を地下室に閉じ込めたが、暗闇でおとなしくなるどころか、少年ピエールは怒りを爆発させて、地下室にあったワイン樽の栓をすべて抜いてしまった。凄まじいアルコールの香りに、少年はますます興奮し、ドアを激しく叩いた。

根負けしてドアを開けた父親が目にしたのはワイン・カーブの大惨状。少年にはかつてないほどの尻叩きと、さらに平手打ちの懲罰が課せられた。

この日こそ、少年が自分の進むべき道を決めた日だった！

その後、しばらくして学校の教師が大きくなって何になりたいのか？と質問したときに、彼は胸を張ってこう答えたのだ。

《ボクは仕立て屋になりたい！》

幼いにもかかわらず、彼はこの職業の持つ可能性を既に理解していたに違いない。

子供ながら既に自分の天職を見つけた彼は初等教育を終えると、中等教育への関心はまったくなかった。勉強好きで、頭の回転もよく、学業は出来る生徒だったが、経済的に日々の暮らしも苦しかった両親は、出来るだけ早く自立して仕事をするように職業学校へ行くように勧め、彼を励ましていた。

毎年、夏になると南仏モンペリエの近くにあるパラヴァ・レ・フロの臨海学校に参加していたのだが、この年にはピエールは、仕立て屋さんのところに行って生地の裁断や裁縫を学びたい、と自分から母親に申し出た。

彼にとって、この《行動あるのみ》という考え方は生涯つきまとい、バカンスなどという言葉は退屈と同義語でしかなかった。

母親はサン・テティアンヌの旧市街の中心に住む、ある夫婦のもとにピエールを預けた。その夫婦は礼儀正しく、笑みを絶やさず、向上心に富んだ少年をすっかり気に入ってしまい、仕事を教え込むよりも彼を猫可愛がりするようになった。

朝は遅くまで寝かせ、食後のデザートは奮発し、ピクニックには連れて行く、さらにはピアノのレッスンまで受けさせていた…。

『そして私はわが家に戻ってきたのです。夫妻の親切にはとても感謝していたのですが、針に糸を通すことぐらいしか教えてもらえなかったことにガッカリもしていました』

そして、彼は経理にも関心を示し、毎日、バスで講義を受けにリヨンへ通った。もちろん、そのころには、その勉強が後に《カルダン帝国》の経営に役立つとは思ってもみなかったのだが。

ある日、街の地下墓地を訪れた彼は、肉が削げ眼窩の窪んだミイラを前にして、生命力に溢れた若さにもかかわらず、初めて死の恐怖を実感し、衝撃を受けていた。

その頃、彼は同時に肉体的に激しい生きる衝動にも駆られていた。なにしろ、両親から新しい自転車を買ってもらったところだったのだ。両親はこのプレゼントのためにかなりの散財を余儀なくされたが、自転車を見て目を輝かせる息子の顔を見て、報われた思いがした。なにしろサン・テティアンヌはフランス最大の自転車産業の地で、当時、最新流行の自転車だったのだから。

女の子をひとり交え、《自転車三銃士》と名付けた三人組の仲間で、学校の休みには、工場や鉱山ばかりの黒く煤けた暗い工業都市を抜け出して、田園風景の中、ペダルを漕いだ。ペダルを漕いで郊外の自然に接することで、自分に自信を持ち、それは後の疲れ知らずの強靭な旅行者としての訓練にもなっていた。

後日、彼は自転車に乗るような気軽さで飛行機に乗り込み、地球を何周もする…。自転車に乗ると、彼は誰も何ごとも自分を邪魔できない…そんな解放感を感じるのだ。ある意味では、この自転車が彼の生活や考え方を変えてしまった。

彼の外見はスポーツ好きでバランスのとれた肉体を持つ逞しい青年へと変貌していた。キラキラした眼差し、愛想のよい微笑み、そして、さりげなく大きな手を差し出す彼の温かい握手。こうした外見の美しさゆえに、日が経つにつれ、手っ取り早く、輝かしい存在になるため、俳優かダンサーになりたいと思うようにもなった。

彼はますます自分の着こなしで個性を発揮しようとしていた。服の色や形を厳選して人とは違う個性を表わそうとしたが、金銭的な余裕もなく、それには限度があった。そのためにも、出来るだけ早く、裁断や裁縫を自分で学ばねばならないと思っていた。そして、サン・テティエンヌで最高の職人のところに弟子入りすることが出来た。

何日もの紛糾する交渉の果て、フランスがドイツに宣戦布告した一九三九年九月三日、彼は一七歳になっていた。戦争への不安はどこの家庭でも同じだが、イタリア系であるカルダンの家では特に大きかった。

その頃、イタリアは一九三六年以来、ドイツとのベルリン＝ローマ枢軸協定を締結していて、一九四〇年六月にイタリアはドイツ側について参戦した。移民の受入国で過ごす外国人としての立場は以前にもまして不安定なものとなる。敵国出身者を毛嫌いする人たちとのいざこざを避けるためにも、彼らは今まで以上に出身国を隠さねばならなかった。

戦争が始まって、フランス人たちは情熱のかけらもなく出征した。一九一四年の第一次大戦に参加した退役軍人たちには戦争の恐ろしい思い出しかなく、その苦い経験を息子たちに伝えていたからだ。当時の四〇代以上のフランス人ならば、数知れぬほどの若者が命を失い、国に残されたのは老人と戦傷兵だけという一次大戦の惨状を記憶していた。

その惨状はいくつもの映画作品でも告発されていた。一九一九年のアベル・ガンス監督の『戦争と平和』、さらには一九三〇年、アメリカのルイス・マイルストン監督の『西部戦線異状なし』では、この第一次大戦での壮絶な戦闘を目の当たりにした若い召集兵たちの混乱ぶりが、強烈なレアリズムのタッチで描かれている。

一九三五年三月、武力行使を制限したベルサイユ条約の破棄によって、ドイツの脅威は新たに明確になった。さらに一九三六年三月、ドイツ軍は非武装地帯であったラインラントに進駐。ヒトラーの進撃を止めるための戦争の可能性はフランス人の間に複雑な反応を起こした。

一九三六年の選挙による人民戦線の勝利の後、共産主義の猛威に慄《おのの》く一部の市民たちは、ドイツとの戦いはスターリン政権の利とすることにしかならないのではないかと考えていた。いずれにしても、誰もが血の海を再び見るのではと懸念していた。

一九四〇年五月十日、ドイツ軍はベルギーとオランダに侵略し、十四日にはアルデンヌ地方のセダンにいるフランス軍の前線を突破。一九四〇年六月十六日、ついにドイツ軍がロワール川を越えたために、何百万の一般市民たちが避難した。

避難民はイタリア空軍による機関銃掃射の下、歩いて、または自動車で馬で、荷車を押し、疲労困憊で逃げまどっていた。政府も六月十日には首都を捨て、ツールに、そしてボルドーへと移動した。一八七〇年、一九一四年の過去二度にわたるドイツの攻撃と同じ光景が繰り広げられたのだ。

六月十四日、ついにドイツ軍は首都パリに入城。一九四〇年六月十六日、第一次大戦でヴェルダンの英雄と称えられ、その後マドリッドでの大使を務めた齢八四歳のペタン元帥を首班とする内閣が成立した。

憲法の定めに従って、共和国大統領のアルベール・ルブランはペタン元帥に新たな政府の組閣を依頼した。雄弁家フィリップ・ペタンは組閣の翌日、ラジオを通じて歴史的な演説をした。不安に駆られた何百万人ものフランス人が熱心にラジオを聴いていたが、この演説は圧倒的多数の世論に支持された。というのも、彼はドイツ第三帝国の指揮官たちと平和協定が結ばれ、戦争は行わないとフランス国民を安心させたのだ。

ピエールの両親は第一次大戦のときの嫌な思い出もあって、この不安定な政治状況がひどく心配だった。日常生活でも外国人への差別が激しくなってきた。そんな時、国民の父親的存在だったペタンが発した戦争終結宣言の演説は彼らを大いに安心させた。

就職すら困難な状況で、彼らは家族を守るため、とにかく国が安定を取り戻すことを願っていた。カルダンの家族は既に国を去ることの辛さを知り尽くしている。

フランスにやって来たとき、自分たちがフランス人になりきるには既に年を取り過ぎていたが、せめて、末っ子のピエールには十分な可能性があると信じていた。

一九四〇年六月二十二日、休戦協定が結ばれ、政府は自由区域であるヴィシーに移り、国土の五分の三にあたる北部一帯は占領区域になった。占領区域は四つの行政地区に分離された。南西部、北西部、北東部、そして大パリ地区である。

カルダンがパリに上京するのは、その後になるのだが、この自由区域の境界線の中にいたことよって、彼は命拾いした。

こうした政治状況は、やがて、彼自身の人生に大きな影響を与えることになり、結果的には彼の人生に有利になるのだが…、当時のピエール青年はのんきなことに、まだ仲間たちとの自転車旅行に夢中になっていた。

彼は持って生れた才能なのか、その頃から仲間のリーダー的存在だった。仲間と共に近辺を走り回り、毎日が、彼にとって、新たな人と土地との出会いだった。

アネシーあたりを走っていたとき、彼は魅力溢れる一人の青年と知り合った。青年は自分の家で開くパーティにカルダンを誘った。彼の名もピエールという…ピエール・バルマンと名乗った。彼の母親は仕立て屋を営み、彼自身も後を継ぎたいと思っていた。

カルダンたちは互いに《仕立て屋志望》という偶然の一致を喜んだ。二人は情熱を込めて、夢中になって将来の夢を語り合った。そして、その夢の実現には、まずファッションの都、パリに行かねばならない。

この時、彼らはまだ知らない…やがて、同じ仕事でデビューし、同じように成功し、いつか再び出会う日があるということを。

ファッションの栄光の歴史を刻んだ都、パリ！　それはルイ十四世の時代まで遡り、特にオートクチュールの都として既に世界の神話だった。他とは比べられない創造性と独特の技術がパリにあった。パリ、その素晴らしい建築物もさることながら、パリは詩情（ポエジー）に溢れていた。カルダンにとっては映画館で見ていたシネマの世界でもあった。

映画『素晴らしき放浪者』のジャン・ルノワール、そして、あの『北ホテル』の監督マルセル・カルネ。

成功と刺激に満ちた生活を送りたいという、もはや消すことの出来ない彼の欲求を満たしてくれる街はパリだけだった。

当時、占領下であっても、パリの演芸界は賑わっていた。パリジャンは社会状況の苛立ちをスイングのリズムに乗って踊り狂い、気を紛らわしていた。たとえ、その音楽が斬新で先鋭的で多少耳障りに聞こえたとしても。

サンジェルマンの穴蔵で明け方までジャズの調べに酔い痴れる喧騒。キャバレのシャンソン芸人たちの毒舌に拍手喝采し、カフェでの情熱を込めた議論、あらゆる自由が許された時代、そして真面目くさった人や、口うるさい人を相手に敢えて闘いを挑む作品群…社会の偽善をあざ笑うかのような勇気あるジャン・コクトーのイメージがそこにあった。

父親の権威を失墜させ大論争の的となったコクトーの戯曲『恐るべき親たち』が一九三八年にアンバ

サドゥール劇場で演じられていた。
後日、カルダン自身がこの劇場のオーナーとなるのだが…当時、まだ彼は単に見聞きするパリのすべての喧騒に目を輝かせるばかりであった。

『それは、もう運命の仕業としか言いようがないですね。一九三八年、私は理容店でまだ創刊されたばかりのパリ・マッチ誌を手にしていました。そこにジャン・コクトーの記事があり、アンバサドゥール劇場のことが書かれてあったのです。そして、他の記事では有名なレストラン、マキシムのことが書いてありました。私の未来が、そこに既に存在していたわけですよ！』

彼の活動はますます大胆に積極的になり、どんどんと仲間を増やして、バカンスになると、姉のジャニンヌが住むアヴィニョンまで遠出をするようになった。姉のジャニンヌには八歳の時の思い出があるだけだった。ある日、両親に会いにやってきたのだが、その時に、カルダンはかなり親しみを感じていた。

サン・テティアンヌからアヴィニョンまで、走行距離はだいたい二百キロもある。この遠出の自転車旅行を通じて、彼は仲間たちの耐久力と信頼を試してもみたかったのである。なにしろ、後続の仲間たちはみんなリーダーである彼に全権委譲し、黙ってついてきてくれるのであるから。彼の強いリーダーシップは、このとき既に芽生えていた。

彼は友情にあつく、友情を大切にしていたので、仲間の誰からも好感を持たれていた。一行は朝早く出発して、夕方までには目的地に到着できると考えていた。ところが、途中でパンクすることを計算に入れていなかったので、ずいぶん遅れてしまい、街の入り口についた頃には、すっかり夜も更けていた。こんな時間では、姉のジャニンヌを起こすのも迷惑だろうと考え、ピエールは仲間たちに、そこでテントを張って一夜を明かすことを提案した。

だが、彼らが準備を始めると、やってきたのが嵐。既にずいぶん前から雷鳴が鳴り響き、その予兆はあった。強風のために作業もままならない。仕方なく仲間を無理に従えて、一晩中、土砂降りの雨の中、雷光の下、自転車を走らせて、とにかく雨宿りの出来るジャニンヌの家に向かった。怯え戸惑う仲間たちの服はびしょ濡れだった。

姉は旧市街の城壁近くにある質素な二階建ての家に住んでいた。温かく彼らを迎えてくれ、まるで母親のように彼らの衣服を乾かし、食事の用意までしてくれた。そして、彼らは彼女が床に何枚ものマットレスを並べるのを手伝い、疲労困憊ながらも、安心して眠りについた。

かなり後になって、カルダンは自分の企業を率いるリーダーとなるのだが、世界中に散らばるスタッフたちには《私を愛するものはついて来い！》という掛け声のもと、時には彼らを疲労の極致に追いやる特訓を施す。

ピエールの大胆さを喜ぶように、姉のジャニンヌは二日間、弟の話すフランスのあちらこちらの道で経験した物語を興味をもって聞いた。思わぬ事件もあり、また多くの有意義な出会いもあったようだ。

彼女は誰よりも、カルダン家の社会的雪辱戦とも言える、弟の大きな夢を理解していた。というのも、家族の中でも彼女だけは国籍がずっとイタリアのままで、特に移民である苦しさを経験していたからだ。強いアクセントのフランス語で、彼女は自分の夢を実現するようにピエールを励ました。

もちろん、いつの日かパリで弟と一緒に住んで、そんな夢の世界に彼女自身が生きるなどとは想像もしていなかったが…。

帰り道、彼は相変わらず元気いっぱいにペダルを漕いでいたが、勢いあまって、《パリへ行こう!》と、とんでもないことを思いついてしまった。そこは境界線の向こう側、ドイツ軍の占領地帯である。境界線は水も漏らさぬ警備が敷かれ、多くの人間が境界線突破を試みている…もちろん、逆方向の突破なのだが。

ナイーブな青年だったピエールは自分の美男子ぶりと人を夢中にさせる愛想の良さで、夢見ていた俳優とかダンサーになるのは簡単なことだろうと思い込んでいたのだ。それでも、多少の後ろめたさもあり、両親にきちんと報告をしておこうと、一度、サンテティエンヌの家に帰った。

親はびっくりして、この時代に危険過ぎる冒険だと言い聞かせ、彼を引き止めようとしたが、耳を傾ける素振りも見せずに、せっせと荷作りを始める息子を見て、しぶしぶ承知してしまった。もう、ずいぶん前から、自分たちの息子は情熱に火がつくと手に負えないことは承知していた。

彼らも、出来れば違った運命のもとに生きたかった。母親は読書好きで、一日中、家のあちらこちらに積み重ねていたさまざまな本を読んで過ごしていた。いつも、たくさんの本の埃を丁寧にはたいていた。気が向くと、彼女はオペラ歌手の秘書をしていた若い頃の話をした。

父親も昔、イタリアでコーラスの一員だったことがある。彼はずっと歌手になる夢を持ち続けていたのだ。両親共に、二つの大戦に振り回され、夢も叶わず、苦労続きの自分たちだったが、もしも、アーチストになっていれば、どれだけ輝いた人生を送れたことかと密かに悔やんでもいた。

翌日、夜も明ける頃、ピエールは記念すべき出発に向けて身繕いをしていた。当時、流行のニッカーボッカーズのズボンに老舗毛織物ドーメル社のロゴ入りジャケット姿。完璧なシック。プリンスのごとく、愛車ペガサスに跨り、地平線の向こうに飛び立っていこうとしていた。

後に残された両親は、その後、そのプリンスの素晴らしき成功物語を知ることはなかった。彼らは、その数年後に世を去ってしまったのだ。ピエールは両親の優しさに包まれた思い出に、成功のひとつひとつを捧げた。家族で彼の成功のすべてを知るのは姉のジャニンヌだけだった。

『私の両親は息子の度が過ぎる希望や野望を妨げるようなことはいっさい何もしませんでした。私はそのこと

をとてもありがたいと今も感謝しています。

両親は互いに愛し合い、自分たちの家庭をいつも安心できる場所にしようと心がけていました。それが、子供にとって唯一最良の教育だと思うのです。

そんな環境で、彼らは私に重要な道徳と幸福とは何かということを教え込んでくれたのです』

家を出て百五十キロ先、情熱に駆られた若者はムーランの町の橋のたもとで、ドイツ軍の歩哨兵に尋問されていた。

彼は平然と身分証明書を見せ、パリに行くのだと告げた。行く理由については説明しなかった。話したところで、この戦時下において、まともに受け取ってはもらえないだろう。

検問の兵士たちは全員若く、彼と同様、未熟な若者ばかり。上官が留守で、彼らはいつもより緊張した様子で、どう処理してよいのかすぐに分からなかった。そのせいで十八時間も拘留をくらい、その間、ピエールは何とか切り抜けようと躍起であったが、なぜ、パリまで行くのかという質問にはまともな返事を返せなかった。

周りの守備兵たちの会話からは自分のことで何度となく《ユダヤではない》という言葉が聞こえてきた。

事実、その頃にはユダヤ人狩りはますますあからさまな形となっていて、ヴィシー政権も、これに積極的に協力しているという噂が広まっていた。

あらゆる嫌疑は晴れたが、兵士からは両親の家へ戻るように諭され、解放された。そこからは仕方なくいやいやながらも、またペダルを漕いで逆戻りしなくてはならなかった。小さなバッグにきちんと詰めた荷物は検査の後、乱雑に詰め込まれ、黄金郷パリから四百キロメートルのところで引き返さなくてはならない無念に彼は涙していた。

しかし、実のところ彼は難からうまく逃れたと喜ぶべきだった。同様のケースで、戦後になってその存在が知らされた、あの恐ろしい死の収容所へ送られた人間もいたのだから。

帰り道、彼はヴィシー経由で家に戻ることにした。後日、パリには行けることになるのだが、その前に彼にとって重要な運命が、ヴィシーの街で待っていた。

第3章
ヴィシーに立ち寄って
Pierre Cardin 1922——1952

ヴィシーはオーベルニュ火山の麓の端にあり、フランスの中央にある。地下から湧き出す鉱泉による療養地として昔から有名で、特に肝臓病や新陳代謝に効く。市が所有する療養施設は豪華絢爛で、上流階級の客を数多く集めている。

ドイツ軍の侵攻によって、フランスの新しい臨時政府内閣は、この街に置かれることになった。というのも、フランスの真ん中に位置して、しかも、ホテルの部屋数も最も多かったので、一時的な首都移転には好都合だった。行政はホテルを徴用し、バスルームに書類棚を積み上げ、ベッドを取り払いデスクを置いて臨時執務室とした。

その日、豪華なホテルの銅メッキを施されたドームは木々の葉陰から射し込む太陽にきらきらと輝いていた。何ヘクタールもの土地の中庭に建てられた宮殿はいくつもの鋼鉄製のバルコニーに飾られていた。手の込んだ装飾が施された、その折衷式建築物の美しさにピエールはただただ感嘆するばかりであった。

周囲には制服姿の男たちが、偉そうな素振りで歩き、政府の高官が出入りする宮殿の前の往来は厳重な監視下にあった。

公園になっている周りをゆっくりとペダルを漕ぎながら、ピエールは親のいるサンテティエンヌには戻らぬ決心をした。あの寂れた街角、煤色の建物、陰鬱な工場群…思い出すだけで二度と帰りたくなかった。今、美しく重厚な歴史的建築物が目の前にある。まさしく行きたかったパリを思わせる建物だ。さらに行き交う人々は白い髭のペタン元帥を信頼して、首都を捨てて、ここまでやって来たパリジャンたちである。

そんな光景を見ているだけで彼の決心は揺るぎないものになっていた。ここではドイツの存在は実に控えめで、何人かの制服姿の将校と歩哨兵を見るぐらいだった。フランスの運命が、この街で決まろうとしていたのだ。この街にいるだけで、歴史の瞬間に立ち会えるのではないか、彼はそんな野次馬的な好奇心も抱いていた。

こうして、その日、彼はロワイヤル通りの角で自転車を降りた。マムビィという洗練された洋服屋の前である。場所も内閣長官の公邸となっていた豪華絢爛なる宮殿オテル・デュ・パルクの目の前。ブティックのウインドーに映る、政府高官の公用車が出入りする様子は延々と続く華やかなバレエのようだ。そこにいると、まるで劇場のいちばん前の座席に座ってスペクタクルを見ているかのようである。その瞬間、ピエールは突然、何か超越した力に勇気づけられ、仕事を求めて、その店のドアを押した。店に入ると、すぐに笑顔で迎えたのが、美しい妖精のような婦人。ブランシュ・ポピナ夫人で、その店の女性オーナーであった。彼は自分が天国にでも迷い込んだように思われた。

『私には今も、運命の扉を開けた、あのときのチリンチリンというドアの呼び鈴が聞こえてくるよ！』

ポピナ夫人は、後日、彼の出現を、まるで鏡に反射する太陽の日差しの中から現れた大天使の降臨かと思ったと回顧する。彼の決心の強さが姿まで変えていたのだろうか…。

好意的な彼女の対応に安心して、ピエールは今までの悲惨な経緯を話し、このままではサンテティエンヌにも手ぶらで帰れないと訴えた。もちろん、そのサンテティエンヌの洋服屋で見習い修業をしていたことも付け加えた。彼はどんな仕事でもする覚悟だった。

夫人は店では十分に手が足りていたが、この澄んだ瞳の若き放浪者（バガボン）の何とも抗えぬ魅力に圧倒されて、彼を受け入れた。

ポピナ夫人は彼にそれ相応の給金を約束すると、紹介状を書いて、街の反対側にあるペンションに彼を送り込んだ…。

こうして、ピエールは育った巣から飛び出すや、すぐに自立することが出来たのである。

翌日から、さっそく彼はアトリエで働き始めた。アトリエを指揮していたのはシャネル女史の下で働いていたという腕利きだった。その下に八人のスタッフがいた。ヴィシーの上流階級の人たちはみんな、そこでパリ仕込みのエレガンスを装っていたのだ。幸い彼が学んだ針仕事も無駄にはならなかった。

家族からも友達からも遠く離れて、まだ愛情の温もりが必要な年齢の彼だったが、こうして奇跡的に新しい《家族》を見つけることが出来た。当時の洋服屋は仕事に困ることはなかった。なにしろ、人々は自分たちの服をすべてオーダー・メイドで作っていた時代だから。

彼は二年間、その店で、縁縫いやボタンの穴を縫ったりして仕事を覚えた。彼の手掛ける仕事があまりに完璧だったので、チーフは彼にカットの仕事も任せることにした。

確実に日々、進歩を見せて、スタッフたちからも《プチ・ピエール》と呼ばれ、さまざまなアドバイスを受けていた。彼の礼儀のよさと生来の慎み深さは、ちょっとしたものを運ぶために顔を出す店内で、顧客たちにも好感を持たれていた。さらに一部の顧客の間で彼は人気者になり、買い物のアドバイスを聞かれたりもしていた。

しかし、一九四三年二月十六日に戦時の強制労働徴用法が発布されたことで事態は変わる。一九二〇年から二二年にかけて生まれたすべての若者たちに対して、二年間の強制労働への召集がかけられたのである。ピエールも強制労働管理局に徴用適格者として認定されてしまった。

何十万人という若者たちが、ドイツ第三帝国の戦時経済のための労働力として強制的に故郷から駆り出されたのだ。ほとんどの若者が二四時間ノンストップで稼動する軍需工場での労働に携わった…。近親者に挨拶するぐらいの時間の猶予しか与えられない緊急の召集だった。

店主のブランシュ・ポピナ夫人は才能ある青年の目の前に立ちはだかった不幸な運命をそう簡単に受け入れられなかった。彼女は大急ぎで店を出ると、友人であるひとりの大佐に抗議しに行った。その大佐は招集者を各部署に振り分ける権限を持っていて、赤十字でのポストを二名扱っていた。夫人の抗議で、彼はピエールを赤十字経理部の会計係として配属してくれた。仕立て屋から経理職に変わったことは残念に思ったが、ポピナ夫人の口添えに感謝し、不幸中の幸いを喜んでもいた。《私の不幸はいつも幸運となるのさ》という彼の言葉通り、夜八時からの外出禁止令まで、簿記会計の学校にまで通うことが出来て、その経理経験が、後に事業家としてのカルダン帝国に大いに役に立つことにもなる…。

赤十字はヴェルディエ将軍の指揮下にあり、ピエールは戦争捕虜たちの精神および栄養状態をケアする部署の所長であったギシャール医師の下で働いた。彼はカルウ療養所の一室に多くの若者と共に詰め込まれた。

夏は息苦しく、冬は凍るように寒く、苦労はしたが、他の部署に駆り出された不幸な若者たちから見れば、まだ羨ましい状況だった。彼らの多くはドイツに送られて、連合国軍の空襲に晒されながら、休むことも許されず、地獄のような工場の流れ作業に延々と従事していたのだから。

この混乱の時代、政権は完全に対独協力体制にあり、日常生活にもまったく危険がなかったわけではない。ちょっとした過ちがずいぶん高くつくことにもなる…。

ある朝、赤十字に向かう途中、ピエールはふとした好奇心から、ある建物に近づいて窓越しに中を覗いた。ちょうど、その場面を二人の民兵に見られていたのだ。民兵とはレジスタンス狩りやユダヤ人狩りを担っていた対独協力組織である。民兵たちはピエールが何かのスパイ活動をしていると思い、突然、彼の前に現れると容赦なく、その場で彼を捕まえた。

彼らはひどく乱暴な態度で彼を尋問し始めたのだが、間の悪いことにピエールは身分証明書を自分の部屋に置き忘れてきたので、事態はますます悪化するばかりだった。自分が抵抗運動を画策するスパイではないと必死で抗弁するが、十三時間にわたり、何度も交代しながら、ピエールに自白と、《共産主義者グループ》と思われる人物を密告するように迫った。

この時、ピエールは自分が死ぬほどの拷問を受けるのではないかと思い、その恐怖のあまり、尋問中、三キロも痩せたと言う。もう命はないものと思い、心の奥で祈りを捧げ、神への懺悔までも行っていたのだ。最終的に…民兵は説明もなく、相変わらずの乱暴な態度で彼を釈放したのだが。

『拷問をするという脅しに私は恐れおののいていました。どんな思想でも、恐怖に勝てるものではありません。この災難で、私は決定的に、心の奥底から人間性を尊ぶ民主主義を支持するようになったのです』

占領軍がフランス国民に課していた空腹の苦しみも、屈辱を味あわせる卑しむべき行為のひとつだった。事実、ドイツはフランスの農業生産の大半を強制的に供出させていたのだ。

ピエールは年齢によって定められた量のパンや肉や衣類の配給券を受け取っていた。勤務していた赤十字社の食堂で、その券を利用することも出来た。配給券一枚で、ルタバガスという不味い蕪(かぶら)のピュレを少しと、靴底のように固い肉をひときれ手にすることが出来た。そして、毎朝、パン屋に行って割り当ての百グラムのパンを買っていた。大きな問題はそれでどのようにして一日もたせるかということだ。たいていは我慢できずに命繋ぎのわずかな量を貪るように一気に食べてしまっていた。残りの一日は仕方なく代用食や水で何とかしのがなくてはならなかった。

もちろん、好きな自転車に乗って、周辺の田園風景を目指し、親切な農家を探し訪ね、少しでも日々の食料の足しにすることも出来たであろうが、彼は頭の中で食料割り当ての計算に熱中し、とにかくその悪夢が終わるのをひたすら空腹を抱えて待つことにした。

今のお金に換算すると二五〇ユーロほどのわずかな給料で、彼は週に一度だけ、牛肉か鶏肉に野菜を添えたまともな食事をすることが出来た。

彼がそんな《ご馳走》にありついたのは闇市で食料を手に入れていたホテルのレストランで、二人の老女性が経営していた。客はパリから逃れてきた人がほとんどだったが、地元の名士たちも常連となっていた。そこで人は大いに飲み食いを楽しみ、テーブルは常連客たちの政治談議で賑わっていた。ピエールは用心深く政治には距離を置いて、最初はどのグループにも混じらなかった。彼としては自分の夢を現実のものとするのに邪魔となっている不安定で困難な、この時代が終わるのを遠目で見物しながらひたすら待つことにしていたのだ。

周りはフランス政府に圧力をかけるドイツの強大な力についての話題ばかり。フランス政府は少しずつではあるが最低限の生活向上懸案への譲歩をドイツから勝ち取り、被害を食い止めようと躍起だった。そこにはラヴァルとペタンの対立もあった。

『私には政治家たちの闘争本能のようなものが理解できませんでした。ヴィシー政権では首相のペタンは副首相のラヴァルと対立し、連合国側ではチャーチルがド・ゴールを非難し…。

少し距離を置いて眺めていると、当時の自分にはこうした複雑な状況を把握するのは不可能だとよく分かりましたよ』

レストランでの話題の中心はラヴァルと、彼を何とか排除しようとするペタンの関係だった。ペタンはラヴァルに多くの不満を抱えていたが、特にラヴァルが自分のポストを狙っているのではないかと警戒していた。

副首相のラヴァルが、ペタンとドイツの間に立って交渉していた。ある日、ラヴァルはペタンに向かって《もう、うんざりですよ！》と声を上げた。その言葉は終わりの見えない困難なドイツとの駆け引きに対してではなくて、ペタンから礼のひとつもない薄情さに対しての言葉だった。噂では、この一言でペタンのラヴァル嫌いがますます助長されたようだ。

事実、ペタン元帥はアメリカとドイツに対して、真の敵はボルシェビキであり、互いに協力するよう調停役に奔走するため、再度、大統領職にもどりたがっていた。対してピエール・ラヴァルは連合国側との調停よりも、対独協力に関心があった。

さらに国内問題では、ペタン元帥はピエール・ラヴァルがすべてを自分で支配したがっていることだけでなく、レジスタンスからの攻撃と、それに対するドイツ軍の報復など、国内秩序の維持に失敗していると彼を非難していた。

週に一度、そのレストランに通う以外、遊び盛りの年齢にもかかわらず、不幸にしてピエールの気晴らしは他に多くなかった。

日々の問題をひと時でも忘れようとする人々で映画館はいつも満員で、彼も熱心に通っていた。アンリ＝ジョルジュ・クルーゾ監督の映画『密告』のように、いくつかの映画は嫌疑と密告に翻弄される当時の人間関係を如実に描いていた。

ピエールはジャン・マレーに憧れていたが、それは作家ジャン・コクトーの脚本で『トリスタンとイゾルデ』を現代に置き換えたジャン・ドラノワ監督の映画『悲恋』を観て以来のことだった。その頃のピエールはわずか三年後に、その憧れの俳優と親しくなり、さらに、その魅力溢れる作家から、成功の鍵を授かろうとは夢にも思っていなかった…。

彼は音楽も好きだった。カジノ劇場の大ホールでのコンサートに出かけた思い出がある。レイ・ヴァンチュラ楽団の演奏、スージー・ソリドールのシャンソン、さらにカンカン帽、蝶ネクタイ、そして胸ポケットにハンカチという姿でモーリス・シュバリエの歌う下町風のダミ声がパリの香りをもたらした。そんな暗い時代にも、パリでは多くの歌が歌われていた…ミュージックホールで、キャバレで、あるいは街頭で…トレネの歌『優しきフランス』や『残されし恋には』などがヒットしていた…。シャルル・トレネ、エディット・ピアフ、ティノ・ロッシ、ジョルジュ・ゲタリ、ダミアなどが恋のシャンソンを通じて息苦しい時代の影を巧みに暗喩していた。ミュージックホールやキャバレでは占領軍の検閲があったにもかかわらず、シャンソン歌手たちは大胆に吠え立て喋りまくっていた。そんなパリの情報が遠くにいた彼をも刺激し、パリからもたらされる熱気に興奮していた…。

『友人の中には当時、まだ珍しいレコードを持っているのもいて、ラヴェルのボレロなどを気の遠くなるまで繰り返し聴いていたし、ジャズとなったら仲間内で明け方までスイングしていたものですよ！』

彼は当時流行のいわゆる《ザズー族》だった。

若きシャルル・トレネとデュエットしていたジョニー・エスという歌手が、《僕はスイングさ、ザ！…ズゥ！…ザ！…ズゥ！》と歌ったところから、特に意図されたわけでもないのに、ジャズ狂いの若者たちを《ザズー》と名付け、神話的な社会現象になってしまったのだ。

《ザズー》、それは当時のエキセントリックな若者たちが、誇示して見せたひとつのエレガンスの示威表現だった。ひどく丈の長い上着に、丈の短いズボン、靴は木製の高い靴底、裏地が毛皮のカナディアン・コート…そんな装いは軍国主義的な世相への声なき抵抗であり、まだ、そんな言葉も存在しなかったが、まさしく《ピース&ラブ》の反戦思想を表していた。そんな装いに加え、枯葉色というか、アーモンドグリーンの色合いが、さらに中性的で怪しげな様相を決定的なものとしていた。

《ザズー族》は、この苦難の時代にあまりに不謹慎であると良識派を苛立たせてもいた。

だが、《ザズー族》は労働、家族、国家の名において若者たちを有無も言わさず強制的に服従させる教育を施していた占領軍への、静かなレジスタンスとしての仮面のひとつだった。

対独協力という束縛から逃れるためには《ザズー族》以外に方法はあったかもしれないが、当時の状況の中では、そう簡単に誰もが対独レジスタンス運動に加われたものではないと彼は今も考えている。

『実際のところ、当時の私は《影の軍隊》と呼ばれるレジスタンス運動に身を捧げようとは考えていませんでした。というのも、私はイタリア系なので迫害される側にいるのではなく、保護される側にいたのですから。パリ解放の後、自分はレジスタンス運動をしていたと《自己申告》するものが奇妙に思えるほど多くいました。まるで雨が降った後のキノコのように突然、現れたのですよ』

一九四四年の初めには、わずかにいた頑固な非妥協者を除いて、フランス人なら誰もが解放の日が近づいていることを知っていた。八月にヴィシー政権は敗退し、既に連合軍はノルマンジーや南仏の海岸へ迫り、レジスタンスによるドイツ軍への攻撃は激しくなっていた。

ドイツはペタン元帥を拘留する命令を下した…。オテル・デュ・パルクの部屋に幽閉した後、南ドイツのシグマリンゲンにある陰鬱なホーエンツォレルン城に彼を匿った。そこで、ペタンの政治権力は事実上の終焉を迎える。

パリ解放へのプロセスは連合国軍のノルマンジー上陸から始まったと言える。それはあまりに象徴的な光景で世界中が注目した最も重要な出来事だった。パリはドイツ軍から解放された最初の首都だ。ロル＝タンギに率いられたフランス国内軍と自由フランスの象徴となった第二機甲師団に助けられてパリ市民の反乱が起こる。

こうして、パリは長い歴史に培われた元の姿を取り戻した。バスチーユ陥落、絶対君主の衰退などの歴史を刻んできた革命の石畳、庶民のためのパリが世界中の人々の目に戻ってきたのだ。

幸いなことに、当時、パリを支配していたドイツ軍のコルティッツ将軍は大変な芸術愛好家で、ヒトラー総統からの《パリは燃えているか?、パリを灰にせよ》という再三にわたる命令に彼は服従することはなかった。

同月の終わり、ドゴール将軍がフランス共和国臨時政府を発足させ、ヴィシー政権は完全に消滅した。それからは対独協力者への粛清が始まった。人知れず非公式に制裁を受けた人々はかなりの数になる。

しかし、ピエールは、こうした状況からも距離を保っていた。何百人という若者たちがレジスタンスの闘士たちの制服を着て行進しているのを見たが、数日前には彼らが私服で歩いているのも彼は見ていたのだ。

そういう彼自身も、着ている服を変えなくてはならなかった。また別の理由であるが…。

彼は衣料用の配給券を結婚を控えたある女友達に譲った。ウェディング衣装を買うためだった。その代わり、彼女はオーバーの襟に使える小さな羊の毛皮をピエールにくれた。ピエールは使い古したテントの布地を手に入れると、濃いベージュ色を脱色しようと漂白剤に浸した。こうして作った生地で、彼は新しいコートを仕立てたのだ。それが彼の解放記念の服だった。

無意識であったが、それは二歳の時、彼が初めてフランスにやってきたときの衣装がやはり毛皮の襟の付いたコートだった。その日もまた同じく、彼にとっての新しい人生の夜明けだった…。

パリ解放後、ヴィシーの赤十字解散が決定した。大佐と彼の二人が残務処理を手掛けていたが、大佐はピエールにパリの赤十字への再就職を打診してくれた。蘇った首都、パリという名前のもたらす魔術に惹かれ、躊躇することなく彼は、その話に飛びついた。旅費は支給されるし、パリのヴィヴィアンヌ通りのホテルは既に確保されていた。

有頂天になって、彼はいつものレストランに最後の食事に行く。その頃には常連客たちはヴィシーでの彼の家族みたいになっていて、そのビッグ・ニュースの報告に出向いたのだ。

常連客の中にはパリからやってきたラ・カンブルデットという名前の五十代の伯爵夫人がいた。個性的ではあったが、チャーミングな女性で、家族も離れ離れになり、たいした余興もない時代に占いの才能で生計を立てていた。彼女の占いは手相とカードだった。

彼女もまた、彼を《プチ・ピエール》と呼んで、ひどく可愛がっていた。ピエールも、レストランで客を獲得する彼女の社交性に好感を抱いていた。あちらこちらのテーブルを行き来しながら、伯爵夫人は明るい未来を示しながら、政治問題に振り回される多くの男性女性客たちの好奇心を引き出していた。

さらに詳しく未来を知りたい人たちは彼女の部屋を訪れるのであるが、そこでの相談事は有料となる仕掛けである。ピエールは時々、友人たちを彼女に紹介してやったりしていたが、おおむね彼らたちは占いの結果に大満足していた。この女性がパリでの彼の波瀾万丈なる人生の幕開けを宣言する…。

彼はいちばんに、パリ行きの朗報を彼女に伝えた。それを聞いて大喜びする彼女に、ピエールは率直に自分の将来を占ってくれと頼んでみた。彼女は、その重い責任と見知らぬ大冒険への出発に大興奮している青年の様子に躊躇していた。彼が耳にしたいきれい事だけを話すことも出来たのだが、彼女の場合、お子様相手にお伽話をするような占いではなかった。

《プチ・ピエール、あなたは本当に自分を占って欲しいの?》…経理係の孤独な青年に過ぎない彼の将来などたいしたものではないと思っている様子だった。

《あなたは私の友人たちには、全員、占ってくれたじゃないですか、僕がパリに出発する前夜だというのに、そのお願いをなぜお断りになるのですか?》

彼女は青年の無邪気さに心を動かされ、同時にまた、今まで多くの客を紹介してもらったこともあり、彼の願いを承諾した。

彼女は彼を伴って部屋に入った…彼が初めて入る彼女の聖域ともいえる占い部屋である。

薄明かりの照明の中、そこは占いにふさわしい静寂が支配していた。彼女は彼にありきたりのテーブルを挟んで自分の目の前に座り、左手を差し出すように言った。その後、生涯にわたって手相占い師たちを驚かせることになるその手は丸みがありながら大きく、指は太く、掌の少ない皺は、しっかりと刻まれている。

彼が気兼ねしながらも、苛立ちを抑え《お告げ》を待っている間、彼女は黙って、まじまじと彼の手を見つめている。ずいぶん長い間、精神を集中していた伯爵夫人がやっと口を開いた。

その顔には驚きの表情が見えた。

《幸運の女神が見えますよ!

信じられない幸運があなたの人生の終わりまで続きます!

幸運だけでなく、栄光も見えます!

花咲き実のなる大木のてっぺんに死ぬまで立ち続けるあなたが、見えます。

あなたの名前が書かれた幟《のぼり》の数々も見えます。世界中の国々にはためいていますよ。シドニーにまでも…。

これは大変なことですよ、思ってても見なかったことです…。

三十年も人の手を見て来ましたが、これだけ調和の取れた手相を見たことはありません!

ほら、ここをご覧なさい、掌の左側に少し三日月形に伸びる線を。これが生命線です。くっきりとしたラインで、きれいに伸びているでしょう、あなたは生理的にも精神的にもバランスが取れていますね、

これは卓抜した生存能力で長寿を示しています。

それに、この線、手首から中指の根本まで伸びる線。これが幸運の印です。これだけの手相を持った人には、どんな野望でも望む以上のことを実現してしまいますよ！

未来のすべて、いや、そのほとんどがあなたのものになります。

ただ…ひとつだけ、ある後悔があなたの心に残りますが。何か運命的なものですね…。

それが何か、私にははっきりと言えませんが、全体としては、あなたは飛びぬけた人です！》

『彼女の話は不思議に思えました…私が聞きたかったのは、シドニーのことよりも、私が無事にパリへ着けるのかということで、シドニーなんて街は、世界地図のどこにあるのかさえ知らなかったのですから！彼女の語ったことはまるで古代エジプトの王の物語のようで、私にはばかばかしく思えたぐらいですよ！』

《僕はモードの世界に入りたいのですが、助けていただけますか？》

そう言うピエールの言葉に、伯爵夫人は今の彼の興味は占いよりも現実であることが分り、彼の現実的な期待にも応えてやりたかった。

《そうね…私の知人でムッシュ・ワルトネールという人がいるわ。彼なら、パリでいちばん有名な服飾デザイナーのパカンに紹介してくれるかも。

パリに着いたら私から聞いたと言って訪ねてごらんなさい。彼の住所はフォブール・サン・トノレ通

りの八二番地よ》

彼女が言った言葉で、その時、彼が記憶にとどめようとしたことはその名前とその住所だけであった。なにしろ、名前と住所だけが、これから旅発つ未知の世界での唯一の頼りの綱なのだ。彼には自分の運命の大車輪が、どこから始まるのかも分っていなかった。

《では、また、プチ・ピエール。あなたには幸運がついているわ》

別れの言葉をいう女占い師の目には、まだ驚嘆の輝きが消えていなかった。だが、《プチ・ピエール》には、もう十分だった。もう残す後悔は何もない。

その翌日が出発だった。

赤十字のガス燃料トラックに乗り込んだピエールには伯爵夫人のお伽話のような占いよりも、ポケットに突っ込んだ名前と住所のメモのほうが心強く思われた。

パリへの道も、やっと解放されていた…。

トラックの座り心地は悪く、寒風に震えながらも、四年前には禁じられていた四百キロの道のりの風景を彼は楽しんだ。この旅によって、心に宿る親への想いに反して、故郷からはさらに離れてしまうのだが…これから始まる何幕もの人生舞台に近付いているのだ。

パリという名の晴れの舞台に!

第4章 二人のためのパリ！

Pierre Cardin 1922――1952

一九四五年十一月十八日、土曜日の夜、ピエール・カルダンは首都パリに到着した。ホテルのあるブールス近くまで街を歩いてみたが、パリは凍えて暗く、その華麗なる姿は想像するしかなかった。快適とはいえない長旅で、疲労困憊の彼は質素な部屋のベッドに倒れこんだが、緊張と興奮で眠気を迎えることも出来なかった。

パリでの勤務決定に従い、月曜日にはベリ通りにある赤十字社に出向かなくてはならなかったが、その時、彼が待ち焦がれていたのは、まずフォブール・サン・トノレ通り八二番地を訪れることである。彼にはパリ生活の本来のスタートは、そこにあるのだという漠然とした予感があった。

というのも、彼はフォブール・サン・トノレ通りこそがモードの新しい進化を遂げている世界でも唯一の場所だと聞いていたからだ。

なにしろ、ジャンヌ・パカン、ポール・ポワレ、ココ・シャネル、エロア・スキャパレリ、ウォルトといった当時、個人名で活躍するデザイナー集団が、全員、そこにいたのだから。

こうしたビッグ・ネームには各国の王室であったり、アメリカの大金持ちだったり、俳優たち、そして社交界の人々といった世界中からの顧客が集まってくる。

彼は既にオートクチュールの世界に入る意志を固くしていた。パリに移植された樹木のように、そこで根をはるつもりでいたのだ。まさしく、伯爵夫人のお告げのとおり、《花咲き実のなる大木》になるように…。

朝、八時になると、フォブール・サン・トノレ通りのだいたいの場所を聞いた後、彼は勇んで寒い街中に出た。その年は特に寒さが厳しかった。

雪化粧の舗道に出るとヴィヴィエンヌ通りは奇妙なぐらいひっそりとして、リシュリュー通りに行き着いた。そこからコメディ・フランセーズ劇場までは数台の自転車と一人歩きの何人かにしか出会わなかった。

最初に目を奪われて立ち止まったのは右手の長い大通りの奥に見える白い丸天井のオペラ座ガルニエ劇場、左手にはルーブル宮のどっしりとした正面口が見えるところだった。

テント地のコートと子羊の毛皮のついた襟が身を切るような寒さから彼を守ってくれていた。さらに彼は自分の瞳の色に合わせたブルーのスカーフを首に巻いていたので、それを鼻先まで上げた。靴底が木製の靴で足はきつく、寒さのせいで痛みすら感じる。

それでも彼は歩き続けると、通りの表示板にサン・トノレ通りの文字が見えた。もう到着したかと思ったが、地方からやってくる多くの人が間違えるように、彼はサン・トノレ通りとフォブール・サン・トノレ通りを混同したのであって、目的地はまだまっすぐ行った、その先である。

通りは狭く曲がりくねっていて、どっしりとした正門ばかりが並んでいるだけである。もう少し賑やかな光景を見たかったが、普段なら繁盛していそうな大きな店も、すべて休業だった。

左手にはチュイルリー公園の鉄柵が見え、右手には真ん中にブロンズの高い円柱がそびえるヴァンドーム広場が見えた。

かろうじてロワイヤル通りに辿り着いた。ちょうど、少し先からフォブール・サン・トノレ通りが始まっている場所である。

あと数歩のところで、彼は寒さと空腹に我慢できなくなった。その二つの通りが交差する場所こそ、後に彼の人生で最も重要な地点となる…フォブール・サン・トノレ通りは彼のファッション企業の拠点、そして、彼のレストラン《マキシム》がロワイヤル通り…そこは後日、《カルダン帝国》の二大拠点地となる場所である。

手足は痺れ、もう一歩も歩けない状態で、まるで女王のように冷たい王座に君臨する荘厳なマドレーヌ寺院をぼんやりと眺めていた。雪の中の散策はエジプトのオベリスクが聳える巨大なコンコルド広場まで続く。

反対側の舗道には朝から開店しているカフェがないかと探した。お金の心配もあって、朝食もまだとっていない。持っていた配給券を使って、その頃には市場に出回るようになっていたヴィアンドックスという名のコンソメスープでも飲みたかった。

そう思って通りを渡ると、やっと、そこに彼がずっと探していた《フォブール・サン・トノレ通り》の街路表示が見えた。

その時、通りには同じくカフェに向かって歩いてくる男性がいた。

『彼がちょうど私の傍にやってきたとき、私は八二番地はまだずっと先なのか尋ねたのです。私の質問に少し驚いた様子で、その男は私が、その住所に何の用事があるのか聞いてきました。

唇も凍りついて、動かすのがやっとだったので、私は面倒な説明は避けて、単に友人の一人がそこに住んでいるのだと言ったのです。

すると、男は私に聞いてきた。

「あなたの友人のお名前は？」

「ムッシュ・ワルトネールです」

私がそう答えると、

「お若いの、嘘を言っちゃあいけませんよ！　私がワルトネールですが、私はあなたを存じ上げませんぞ！」…』

驚きと困惑で彼はただ茫然とするばかりで、気を失う寸前でもあった。それでも男は彼に興味を示し、一緒にカフェに来て、詳しい説明を求めた。

『ロワイヤル通りにある《ル・ミニムス》というカフェなのですが、今ではオーナーが私で、今もコンソメのヴィアンドックスをメニューに載せていますよ！』

カフェの暖房と、温かい飲み物を前に、彼は元気を取り戻し、顔色もよくなった。

ピエールは今までのいきさつを話した。話を聞いたワルトネール氏は、やっと納得してくれ、明日の朝にでも、ラ・ペ通り三番地のパカンの店を訪れ、彼の紹介で人事担当者に会うように言ってくれた。

彼は、まずその約束を優先した。幸運は彼のその選択にあった。二十三歳に過ぎない彼がすぐにパカンで雇われたのである。彼の輝いた瞳と美しい笑顔が、担当者に彼の決意と情熱を感じさせたのかもしれない。

同じ日に、彼は赤十字社にも出向き、詫びの言葉と共に自分の選択を説明したところ、帰宅を許された。その足で、彼は再び、ジャンヌ・パカン女史が一八九一年に創立した、その大きな店に戻った。十八世紀の衣装をモチーフにし、毛皮やレース模様で縁取ったパステル・カラーのローブ・ドゥ・ソワール（夜会服）、それが彼女の名前をたちまち不動のものとしたのだ。

彼女は、それから婦人服を次々と現代的な衣服に変えていった。プリーツ・スカートのジャケットや、第一次大戦前夜には、スーツと前時代的なフワリとしたドレスの中間的なローブを発表した。それまでのように昼と夜の外出に衣装を替えなくてもよくし、女性たちはより活動的になれたのだ。

このスタイルを確立することによって、顧客は増えるばかりで、一介の女性デザイナーが経済的な成功を収めたのである。

彼女はビジネスの才もあって、斬新なプロモーション・テクニックを使うことに躊躇もしなかった。例えば、オペラの劇場でモデルたちに囲まれて彼女自身が登場したり、ロンシャンやシャンティイの競馬場でグランプリがある際に、新作発表のファッション・ショーを催したり…。

彼女は一九三六年に死去しているが、パカンの店は一九五三年まで存続した。

『パカンの店には何百人もの社員がいて、当時のモード界では最大規模でした。そんな中で、私は流れる水の一滴にしか過ぎませんでしたが、モードの流れを十分に感じ取ることが出来ま

したし、最高のデザイナーを擁するこのアトリエの中で、私は仕事への自信を徐々に身につけていったのです。当時の、私の立場などは人が見ればたいしたものではなかったでしょうが、縫製部門ではすぐにベテラン・クラスでした。

金もなく、親もいなくて、大都会に迷った虫けらのような存在でしたが、まだ二十三歳。私の青い瞳は自分の行く道を既にはっきりと見すえていたのです』

早起きし夜遅くまで、彼は針仕事を休むこともなかった。ある諺を肝に銘じながら。

《鉄を鍛えてこそ、人は鍛冶屋になる》

毎日、お金持ちの顧客が、店の前に運転手付きの車で乗り付け、試着の手伝いをする小間使いを連れてやってくる。顧客の彼女たちはシーズン毎に下着から絹の寝間着、毛皮の付いた部屋着に至るまで、少なくとも十着以上の注文をするのだが、桁外れの贅沢と言えよう。

当時のオートクチュール業は極めて収益性の高い事業だった。女性たちは仕事をする必要もなく、ひたすら社交界で自分たちのエレガンスを競うため、クチュリエの店でいくらでも時間をかけることが出来た。

エレガントに着飾った外見を見せびらかし、自分が特別な社会階級に属していることを示す、そんな行為が、まだ、それほど下品とは思われていなかった時代だ。

それでも、その時代、戦後の配給制度はまだ存続していたし、農業や工業の復興にも多くの難問が立ちはだかっていた。

貧しいことには慣れているピエール・カルダンは、山に暮らし、ゆっくりではあるが一歩一歩頂点を目指した祖先同様、いつか報われる日もあろうと、そこでも忍耐強さを示した。

その日は意外に早くやってきた。ジャン・コクトー監督の映画『美女と野獣』の衣装がパカンの店に一任されたのである。

ピエールはもちろんジャン・コクトーの名前は既に知っていた。

コクトーは当時、五十六歳で、詩人、小説家、劇作家、映画監督で俳優、さらに画家でイラストレーターでもあった。

パリの裕福な家に生れた、この芸術家は十八歳の頃から交際範囲も広く芸術関係から社交界まで、手掛ける作品と同様、多岐にわたっていた。その中には当時の最たる教養人が数多く含まれている。

作家ではエドモン・ロスタン、マルセル・プルースト、フランソワ・モーリアック、シャルル・ペギー、アンドレ・ジイド、さらに作曲家では『春の祭典』で有名なロシア人のイゴール・ストラヴィンスキーやエリック・サティ、さらに画家ではモジリアーニやピカソ、バレエ界ではディアギレフ…といった当時の最高のクリエイターの名前があがる。映画関係でももちろん同様である。

彼の映画『美女と野獣』は十八世紀の寓話を脚色した作品だった。

物語は、ある商人が道に迷い、夜になって、怪物の棲む城に迷い込んでしまう。怪物は商人に、その罰として、彼の娘の一人を差し出すように迫る。だが、怪物はその娘が美しいだけでなく、貞淑でもあり、彼女に恋してしまうのだ。娘のほうも、怪物の優しさに心動かされ、怪物に心を寄せてしまう。最後には恋の力で、かけられていた魔術が解けて、怪物はプリンスの姿を取り戻すのである。

映画『美女と野獣』には明暗の照明効果、不安をかきたてる音響効果などさまざまな点で、重厚なドイツ表現主義の影響が見られる。そして音楽はジョルジュ・オーリックで、映像は極めてシュルレアリズム風だった。

壁から飛び出す人間の手と大きな燭台、鼻や口から煙を噴出す彫像の人間…。こうしたシーンの舞台美術はセットであり、塔のある城も段ボールで作ったように見えるが、これはニース港の先にあるココ・ビーチの断崖の上に建つ石造りの《イギリス人の城》にほかならない。

噂では、ある《イギリス人》が不貞な妻を生かしたまま、この城に幽閉したということだが、事実は小説よりも奇なりだ。

その時代衣装は豪華絢爛、贅を尽くした生地をふんだんに使っている。プリンスと野獣の衣装制作に携わったのはピエール・カルダンだけではなかったが、彼の逞しい体はミッシェル・オークレールやマルセル・アンドレ、そしてジャン・マレの衣装チェックの際にモデルとしても役に立った。

『その頃は男性モデルなんていなかったのですよ、というのもホモセクシャルっぽいですし、みっともないことでしたからね！

だから私がモデルになって、プリンスの衣装の最終仕上げを行っていたのですが、その時、ジャン・コクトーとミッシェル・オークレール、美術を担当していた画家のクリスチャン・ベラール、さらに彼のアシスタントをしていたマルセル・エスコフィエたちがアトリエに入ってきたのです。

試着している間、彼らは私にそれぞれの意見や気の付いたことを話しかけてきて、それに私が答えて、彼らを安心させたのですよ。こうして私たちの間に意見のやり取りが出来る自然な状態が芽生えたのです。

私はまだ見習い小僧でしたが、一分もしないうちにジャン・マレーの公式モデルとなったのです。いわゆるセレブの人々と気取ることもなく普通に話しているうちに、作家や画家や音楽家など、彼らの友人たちとも、頻繁に会うようになったのです。

彼らとの付き合いで、私自身が教養を磨けたのですから、その交友は素晴らしい勉強でしたよ！』

あらゆる批評家に絶賛された、その映画の成功によって、彼もコクトー、マレー、ベラールという大物三人組の取り巻きに加わることが出来た。謙虚にではあったが、彼自身も映画の成功の一役を担えたと自負していた。

この最初の頃のいくつかの出会いによって、彼は俳優にもなりたいと思い始めた。さっそく、シモン演劇学校に入学届を出した。万が一、彼に出演の機会が与えられたときに備えて、演劇の基礎ぐらいは身につけておこうと思ったのである。だが、ソフォクレスの「アンチゴーヌ」の一節の朗読に奮闘してはみたものの、講義をいくつか受けただけで自分には俳優になる才能は皆無だと悟ったのである。ハサミによって布の形に生命の息吹を与えるクチュールの世界にこそ、自分の才能があると思い知らされた。

コクトーの目にも狂いはなかった。コクトーは彼に役柄を与えることなどなく、さらに他の映画で衣装担当として彼を指名したのであるから…。

『もし、私が俳優になる道にこだわっていたならば、今頃、食うや食わずで、ひねくれた、よくある老いぼれ役者になっていたことでしょうね。
私にはいつもナンバーワンにならないといけないという強迫観念があったのですよ、その性格のおかげで私は俳優にならなかったのです。
なにしろ、ジェラール・フィリップのような完璧な俳優になれないことは自分でも分っていたのですから』

コクトーとの親交はジャン・マレーとの親交にもつながる。当時、アイドル的人気の俳優であり、詩人コクトーとは一種の恋愛関係にあった。詩人は何よりも彼の美貌に魅了されたのであるが、その魅力を次のように表現している。

《彼の逞しい肉体は生まれつきのもの。それは美しい魂の衣装とも言えよう。彼はその衣装を永遠に皺にしたり、着古してしまったりはしない。誰もが肉体的に美しくなろうと懸命になるが、心を美しくする努力をしようとはしない。それは誰にでも出来る簡単なことなのに…》

このカップルは有名にはなるが、同性愛が異常性欲とみなされて、まだ隠すべき時代で、彼らの関係は好奇の的でもあった。

独軍占領中には性倒錯者狩りが、愛国主義者たちの主張であり、一部の人間は堂々とそれを実行に移していた。

当時、影響力のあった評論家、アラン・ロブロウという男は対独協力新聞である《我何処にも在り（ジュ・スイ・パルトゥ）》紙で、二人の関係を暴いた上に攻撃した。

オイディプス神話をジャン・コクトーが脚色して、ジャン・マレーが主演した『タイプライター』に関する演劇評として書かれたのである。

その記事で、コクトーは《恍惚のホロホロ鳥》と綽名されたのだが、《ホロホロ鳥》には「愚かな虚飾の女」という裏の意味がある。また、マレーは《コクトーのオ・ト・コ》、あるいは語呂合わせで《マレー・マレカージュ（悪徳の場）》などと揶揄された。

一九四一年のある夜、ジャン・マレーはあるレストランで何気なく握手した相手が、くだんのエセ評論家だったと教えられた。それを知ったマレーは頭を殴りつける前に、彼の顔に唾を引っ掛けた。大騒動となり大スキャンダルとなった事件なのだが、このことでマレーの人気はさらに高まった。

ピエールは、このアポロンのような俳優を自分の理想像として、彼のように話したく、仰々しくゆったりとした口調や、鼓膜に甘く響くイントネーションの声を真似し練習していたぐらいだ。こうして模倣によって練り上げた成果によって、彼はコクトー組の取り巻きとしてパリの社交界に入り込んだ。

人を見る目のある新しい友人たちは彼の成長を見て、彼の才能をたたえたり、また勇気づけてくれたりした。だが、ピエールにはまだまだ学ぶべきこともあり、彼は自分自身を人前に晒すことには慎重でもあった。コクトー組に入ると、彼はパリの華やかな社会にすばやく受け入れられた。

酔い痴れるようなリズムで繰り広げられる毎晩の外出によって、彼は多くのことを学んでいた。戦後、世界の中心を取り戻そうと活気に満ちたパリにも、彼と同様のエネルギーがあった。

戦後の狂乱のパリ、遊ぶことには事欠かなかった。モンパルナスで人々はルンバを踊り、サンジェルマンの地下バーではジャズのリズムで乱痴気騒ぎが繰り広げられていた。そこでは社会を告発したり、または独特のユーモアで歌うボリス・ヴィアンのシャンソンも聞くことが出来た。

人間の本性を暴いた彼の小説「心臓抜き」などを読んでいたピエールはヴィアン本人にも何度か会っている。

有名なシャンソニエ《シェ・パタシュー》では歌手ジャック・ブレルのデビューにも出くわし、感激したことがある。ブレルは彼に一晩で七つのキャバレ出演を掛け持ちすることもあると語り、また、ローラン・プティ振付の『夜の淑女たち』で見たバレリーナ、マーゴ・フォンテーンが大好きだなどと彼に話した。

ほぼ毎日の友人たちとの付き合いで、こうした文化的教養を身につけただけでなく、当然ながら、彼はいつの日か一人前のクリエイターとなれるようにクチュールの世界で腕を磨くことを忘れてはいなかった。

パカンでの何ヶ月かの見習いのあと、スキャパレリの店で、今度は少し待遇もよくなり、裁断担当として雇われた。パカンから、そう遠くないヴァンドーム広場の二十一番地に店があった。

エルザ・スキャパレリはイタリア系のフランスの女性デザイナーだ。彼女が有名になったのは戦前で、最初はシュルレアリストとしてのデビューだった。

ロース肉とか靴の形をした帽子、プードルや白鳥やザリガニの形の上着のボタンなどを透明なプラスチックやセラミックで作っていた。他に、黒いレースで爪模様をあしらったピンクのサテン地の手袋などもあった。彼女の顧客にはウィンザー公爵夫人やグレタ・ガルボなどがいた。

だが、彼が《最後の修業生活》をしたのは、その後、もうひとつ別の高級店だ。そこでピエールはさらに技術を高め、細部にわたる器用な仕上げなどを習得した。それは最後に衣服に息吹を与えるテクニックであるが、店のオーナーは彼の技術を《完璧なる仕上げ》と彼の腕を絶賛した…オーナーの名前はクリスチャン・ディオール。

『クリスチャン・ディオールに私を紹介してくれたのは、コクトーの取り巻きとして知り合った脚本家のフィリップ・エリアです…ちょうど、ディオールが自分自身の店を開業したいと思っていたころでした』

その時、クリスチャン・ディオールは四十一歳。彼は最初、前衛派の画商で若きサルバドール・ダリなどを支援していた。その後、ファッション・デザイナーになったのだ。一九三五年、兵役を終えた彼は帽子やドレスなどデザイン画を売って生活した後、《フィガロ・イラストレ》誌の挿絵画家として働いた。

一九三八年に当時の有名デザイナー、ロベール・ピゲにデザイナーとして雇われ、一九四一年にはルシアン・ルロンという別のデザイナーのもとに転職する。そして、一九四六年、生地業界では大物のマルセル・ブサックの援助で自分自身のブランドを創立した。ブサックの援助は金銭的なものだけでなく、創作に必要な生地の知識やブランド商法のノウハウにまで至った。

『クリスチャン・ディオールとの面接は一九四六年十一月のある日の朝、八時半のことでした。場所はマロニ

エ並木が美しいモンテーニュ通り三十番地の小さな館でした。

そこにはまだアトリエの備品なども運ばれてなくて、秘書ともうひとりの女性しかいませんでした。クリスチャン・ディオールはすぐさま私をスーツとコートのデザイナーとして雇い入れてくれました。でも、アトリエにはまだ何の備品もなく、アイロンさえなかったのです。

まず、私は備品探しから自分で始めました…。スタッフ全員が新しい職場で、急ごしらえのアトリエ作りからスタートしたのです。なにしろ、コレクション・デビューが既に一九四七年二月十二日と決まっていましたからね！

いつか自分の店を持とうと考えていた私は、老舗の大手の店で大勢の人間に埋もれてしまうよりも、新しいブランドで右腕になるほうがよいと考えたのです』

このアトリエ準備作業では、まるで自分が独立したときのリハーサルかのように夢中になって働き、多くのことを学んだ。蜂の巣箱の中で女王のためにこき使われる雇われ稼業から脱出する準備を彼は着々と進めていたのだ。

クリスチャン・ディオールがデザイン画のクロッキーを描きあげると、アトリエでの試作作業に取り掛かる。まず綿の晒し地を使ってデザインに沿った大まかな裁断線を描き入れる。そして、服を組み立てる、それぞれのパーツを仕上げるのである。

それはミリ単位の作業で、あらゆる寸法を測り、布地が自然に体にフィットするように、だぶつきがないように注意する。サイズが決まり布地の段階になると、各パーツを集め、縫い合わせる前に裁断部をかがり、長い間、アイロンをかけて型を作る。最後のモデル試着に至るまでには何度もピンで細部を調整し、肩の具合などを合わせる。

そして、ディオールが細かい手直しをカルダンに伝えるのだが、仕上げを行う《ステュディオ》と呼ばれる制作室に入室を許されるのはカルダンだけだった。

ディオールは仕上げにこだわった。服の裏地さえも、表地と同様に決しておろそかにすることはない。多くのアイテムがあり、仕上げまでには大変な労力を要したが、最初のコレクションは《コロール(花冠)》と名付けられた。

彼のデビューは革命的だった。アメリカのプレスは、そのテーマを《ニュールック》と呼んで、まさしく今までにない斬新さだと称えた。ゆったりとしたなだらかな肩のライン、柔らかなブラウスで強調されたボディ・ライン、そして花冠の形でふわりとしたロングスカートが、ウェスト・ラインをより細く見せる。

クリスチャン・ディオールは当時、戦後の女性たちに生活と装いの喜びを取り戻させ、店には多くの女性が殺到した。それまで何年間も苦しい欠乏生活に耐えてきた女性は、まさしく新たに生まれ変わった気分だったに違いない。

『このディオールの輝かしきデビューは私のような駆け出しの人間にも大きな影響を与えました。なにしろ、《デジール（欲望）》と《ミステール（神秘）》というシリーズの作品は最初から最後まで、私自身のこの手で仕上げたのですから。今でも彼の回顧展には、必ず、これらの作品が展示されています。一度、何かを覚えた猿のように、私は今でも目を閉じて、これらの作品を縫い上げることが出来るぐらいですよ』

このコレクションで使われた大量の高級生地は支援者のマルセル・ブサックの工場が手配してくれた。その贅沢さは、戦後の貧しい時代の経済への、まるで悪魔祓いのようだった。

その後も、クリスチャン・ディオールのキャリアは華々しく続き、彼の名前はたちまち国際的なものとなった。一九四九年には世界へのブランド進出の先鞭となったニューヨーク支店が開設された。アメリカでのライセンスによって、最初に生産されたのが…女性用ストッキングだった。

彼の事業展開は、それまで香水だけがブランド価値とされていたファッション界に大きな影響を与えた。その後、十年間に、ディオールは二十二回のコレクションを発表し、モード界の歴史的殿堂に彼の名前をしっかりと刻み付けた。

ディオールにはコクトーからベラールまで、彼を応援する芸術家の友人も数多くいた。後に、同じ人々が、若きピエール・カルダンの独立も応援するのだが。

『一九四八年のこと、ジャン・コクトーは私にギリシャ神話オルフェを現代風にアレンジした衣装制作を依頼してきたのです。妻ユリディスを探しに地獄へ堕ちた、あの英雄です。ジャン・マレーとマリア・カザレスが演じることになっていたのです。

舞台衣装の制作はクリスチャン・ディオールのしたいことではなかったので、私に直接、依頼し、リシュパンス通りの十番地にあるパスコーという舞台衣装専門店に連れて行かれたのです』

やがて、裁断や裁縫の技術にも精通し、経理の知識も身につけ、貯えも増えて、さらに演劇やオートクチュールやプレス関係の知り合いもあったので、彼は思い切って自分の会社を持とうと決断した。

彼が見つけたアトリエは大して豪華でもない石造りの建物の中だったが、それでも正面の門の上には、さりげなく女神の顔と葉っぱの首飾りの彫り模様がついていた。小さな入り口を入ると、すぐに螺旋階段がある。生木を晒《さら》した階段のステップを八階まで上がらねばならなかった。彼のアトリエはそこにあり、中に入ると職人一人が作業するぐらいの小さなスペースしかなかった。

《待てば海路の日和あり!》。彼がパリに着いてから五年後、一九五〇年、ピエール・カルダンは演劇衣装制作専門として、彼の最初の会社を立ち上げた。


『クリスチャン・ディオールの店を去ることに、まったく未練がなかったわけではありませんが、私はいつも

自分の店を持ちたいという夢を抱いていましたので。
アトリエのオープン日にクリスチャン・ディオールは私にたくさんの赤いバラの花束を贈ってくれました。
私が彼から学んだことは真のエレガンスとは何かということです…』

その後も、ディオールは何かとカルダンを支援し続けた。

『ディオールもすべての仕事を自分ひとりでこなすことができなかったので、顧客の夜会用のドレスなどは私に回してくれたのです』

こうして、ピエール・カルダンはボーモン伯の邸宅で行われていた《王侯たちの夜会》の衣装を一手に引き受けるようになった。

『夜会に招かれたクリスチャン・ディオールのために、私は浮き出し模様のついたチュール地のケープが付いた赤いライオンの衣装を創ったのです。
その堂々として悠然とした百獣の王は、まさしくディオールの化身とも言うべきものでした。
私に対する友情も、一九五七年にイタリアの療養地、モンテカチーニにて心臓発作で亡くなるまで、ずっと

変わることなく続いたのです』

そのライオンの衣装はかなり目立ち、各誌のパーティ・コラムで数多く取り上げられた。

そして、そのパーティにはカルダンの才能に注目した、一人の賓客がいた。当時、パリ社交界のプリンスとも言うべき存在だったカルロス・ド・ベステギだ。彼はさっそく、一九五一年九月にヴェニスのラビア宮で催す予定だったパーティ衣装のすべてをカルダンに依頼したのである。

カルロス・ド・ベステギは正統派ダンディで、美術品の蒐集家としても有名だった。大のパーティ好きで、そのパーティをまるで大掛かりなスペクタクルのように自らプロデュースしていた。会場に使う歴史的建造物を派手に飾り付けて、昔の栄華を蘇らせるのを自らの喜びとしていた。

パリ郊外モンフォール・ラモリーの近くにある自分の邸宅、グルセイ城も、自分と同じ南米出身の建築・内装家エミリオ・テリーの助けを借りて、大改装した。

エミリオ・テリーは三〇ヘクタールもある城の庭園を数々の奇想天外なアイデアで埋め尽くす。例えば、色鮮やかなタタール風のテントを作り、中はオランダの伝統的なデルフト・タイルが敷き詰められていた。加えて、野外劇場もあり、ピラミッドもあり、ギリシャ神殿風の橋、《愛の神殿》と呼ばれる洋風東屋があり、さらには灯台のように聳える円柱展望台、そして中国風の仏塔まである。

城の中を見れば、図書室はまさしく芸術作品のような見事さで、二百五十の客席を持つ室内劇場はべイルート辺境伯邸の劇場を思い起こさせる出来栄えだ。

この宝石箱のような館に、彼はウィンザー公夫妻や女流作家ルイーズ・ド・ヴィルモランや写真家のセシール・ビートンなど当時の華麗なる社交界の花形たちを招いていた。

ベステギは既にカタロニアの大富豪によって十八世紀の初めに建立された、ヴェニスでも指折りの建築物、ラビア宮殿の内装準備に取り掛かっていた。

伝説によると、この宮殿で豪勢な夜会が催されると、食事が終わった後、自分たちの富を誇示するために高価な黄金の食器を運河に投げ捨てていたという…が、実は運河の底に網を張り、その後に食器を拾い集めていたのだろうと人は推測する…。

ラビア家は画家のジャンバティスタ・ティエポロに依頼し、クレオパトラの生涯や他の古代物語のフレスコ画を大きなサロンに描かせ、そこで華やかな夜会に興じていたのである。

ヴェニスの館は、すべて偉大な建築家たちの代表作であり、それを飾るのも、すべて偉大なる画家たちの手によるもの。それらが運河の水の上に林立する景色は圧巻である。何百もある橋が何百もある広場に連なり、すべてが演劇のセットのような街、ヴェニス。まるで磁石のように、人々が惹きつけられる魅力の街、ヴェニス。

ラグーン（潟湖）に栄えた驚異の街、ヴェニスが生んだ伝説的色男、ジョヴァンニ・カサノヴァ。同郷人のピエール・カルダンは、そんな魅力も引き継いでいた。

彼もまた誰にも自らの魅力を発揮し、惜しみなく愛を与え、貪欲に愛を受ける誘惑者であった。彼が道を歩くだけで、その後には魅力の罠に引っ掛かったハートがいくつも転がっていたと言えるほど…。彼は女性だけでなく、男性たちをも惹きつけたが、彼自身は慎み深く控えめで、私的な愛情を自ら吹聴するようなことは好まなかった。だが、長い間、培ってきた自分の夢を実現するために、魅力を使って自分を貶めるようなことはしなかったが、魅力で得た機会をみすみす逃すこともなかった。

『精神的にも深く傷ついた物資不足の時代を過ぎて、こうした一晩に何百万という額を浪費するパーティは、まさしくルネッサンス（再生）という気がしました。なにしろ、そのおかげで消費も活気づきましたからね。贅を尽くした食料、装飾、ドレス、靴、アクセサリー、宝石、香水によって、工場が多くの職人たちに仕事を与えることができたのですから。自分たちのお金を浪費することで、金持ちの社会的な存在意義があると、私は思うのです』

ラビア宮でのパーティに、ピエール・カルダンは黒と白の衣装の巨人の人形を制作した。巨大なケープは大きな棒で支えられていた。

煌びやかな宮殿の灯りがキラキラと映える暗い運河の水面に浮かび、ゴンドラに乗った招待客が到着すると、その巨人たちが客を迎えるのだ。

見物の群衆たちの拍手喝采の中、仮面を付けた招待客が注目を浴びながらも、素顔を見られることなく列をなして会場に赴く。

ヴェニスの消防員たちが、道化師アルルカンの格好をして、中庭で人間ピラミッドを作る。

屋外での演出は大雨のせいで少々失敗だったが、十八世紀のヴェニスを思わせる彼らの衣装は好評で群衆からの拍手喝采を受けていた。その洗練された優雅さは、まさしく、イタリアの伝統仮面劇コメディア・デラルテに匹敵するものだった。

ヴェニスの街全体が、そのパーティのために盛り上がっていた。というのも、カルロス・ド・ベステギは街角でも庶民のダンス・パーティをオーガナイズしたので、賓客たちの仮面姿の行進と同様に、街の人々も夜会を大いに楽しめた。

さらに、パーティが終わると賓客たちも庶民の輪の中に混じり、貧富の隔てのない夜会となったのである。

『その頃、交友関係にあったセレブたちの行列を眺めながら、私は改めて、この短い期間に自分が歩んできた道を振り返り、密かに喜び興奮していました』

一年も前から招待状が届いていた夜会なので、アガ・カーン、ユーゴスラヴィアのペタル二世、ルーマニアのミハイ一世、ロスチャイルド男爵夫妻など、世界の貴族たちが贅と独創性を互いに競い合った。
もちろん、招待客には著名な知識人たちも含まれていた。作家のジャン・コクトー、ポール・モランやルイーズ・ド・ヴィルモラン、劇作家のマルセル・アシャール、映画監督のジャン・ルノワールやルネ・クレール、俳優のオーソン・ウェルズ、ダンサーのセルジュ・リファール、写真家のセシル・ビートン、そして、蛍光色のストッキング姿の入場で最も目立ったのが、奇才の画家、サルヴァドール・ダリだった。

『その頃のダリは、まだそれほど奇抜な格好をしていなかったのですが、それでも、サン・マルコ広場で蟻を見つけられなかった私に不満顔でした。
彼は自分の眼鏡のレンズの中に蟻を生きたまま詰め込み、人々を驚かせようと考えていたのです！』

後にパリ社交界の牽引役になったアレクシス・ド・レデ男爵も、彼の庇護者でもあった富豪のアルチュロ・ロペス・ウィルショーを伴って中国風仮装グループにいた。彼はゴンドラを中国の伝統的木造船ジャンクに仕立てて、中国の皇帝風の衣装で現れた。

『このあまりに強烈で多彩で華麗な社交界に酔い痴れた後、私は自分のルーツを知る必要を感じました。

生まれ故郷でひとりになって静かに今までの自分と、これからの自分のことを考えたかったのです』

自分のこれから辿るべき道の模索と、将来への不安を抱える時期で、彼の自分のルーツへの衝動的関心は、さらに遥か昔の人類の文明にまでさかのぼった。

『リシュパンス通りのアトリエに戻ると、私は慌ててギリシャ、クレタ島、そしてエジプトを廻る船旅のチケットを買いに走りましたよ。

私は、もっと様々な人に出会いたかったし、《よそ》を見ることで、違いを知り、もっと自分の視野を広げたかったのです。

でも、残念なことに一人旅でした。素晴らしい歴史的建造物や遺跡を目の当たりにしても、その感動を誰とも分かち合えなかったのですよ。

感動を分かち合えず、私はいっそう極度の孤独感を強めていたのですが、分かち合う代わりに、それらの感動を自分の心の奥にしっかりと溜め込んでおいたのです。

その時の叫びたくなる感動こそが、後の私の創造力の源泉になったのです』

最初の寄港地は芸術文化発祥の地であり、彼が戦後になって強く関心を持っていた民主主義生誕の地、ギリシャだった。

アテネではアクロポリスを訪れた。ペルシャとの戦いの勝利を記念して、彫刻家フィディアスによって建てられたパルテノン神殿を前に、彼は興奮した。なにしろコンセプトを描いたり、書き留める紙すらも発明されていない時代に、技術的にも芸術的にもこれだけ優れた建造物ができるということはまさしく歴史的偉業という他にない。

古代都市デルフォイの遺跡では何か霊感のようなものに打たれた気がした。そこはギリシャの巫女の口を通じて、アポロンが神託を授かった場所なのだ。

同様に、その後に訪れた古代エジプト王家の墓であるピラミッド、特にギザのケオプス、ケフレン、ミケリノスといったピラミッド群を前にしても彼はそんな霊感を感じた。ギザのピラミッドは世界七不思議のひとつでもある。


『こうした遺跡に彷徨う古代の驚くべき創造者たちの霊のようなものを感じて、今度は私自身が、こうした神がかり的なまでの仕事をしなくてはならないと強く感じたのです』

自分自身の資金で、自分自身のコレクションを創り出すこと、それが彼の夢だった。その夢のために、彼は戦後の華やかなヨーロッパ社交界のパーティ衣装を作って得たお金を無駄使いせずに溜め込んでいたのだ。

カルダンへの衣装依頼は次々と殺到し、彼自身は疲労困憊、四〇人ほどのスタッフも目の回るような忙しさだった。雇い人たちと一緒になって、裁断から縫製だけでなく、掃除から片付け、アトリエの引越しまでも自ら率先して働き続ける、この謙虚で若い事業主にスタッフたちも意欲を持って働いてくれた。

中でもカルダンは制作責任者のアンドレ・オリヴィエを頼りにしていた。一九五二年に出会ったスタッフなのだが、小さなアトリエで、彼にはデザイン画と椅子と電灯を置くだけの広さしかない四平方メートルぐらいの小部屋をあてがった。それでも、彼は喜んで仕事をしてくれ、気が合うこともあって、オリヴィエはたちまちカルダンの信頼のおける右腕となっていた。カルダンは彼の勘の良さや、意図する点をたちまちデッサン画に描く手腕を高くかっていて、積極的で想像力あふれた、この青年とのコンビで長い年月の間、仕事をした。


古代文明の地だけでなく、新世界アメリカも彼に大きな刺激を与えた。

五日間の船旅でニューヨーク港に船が着いたときの感動も大変なものだった。この街の摩天楼のシーンなどは映画で既に見ていたが、現実として見て感じるのとでは大違いだった。その大きさに圧倒されて、まるで自分が蟻のように思えた。

彼の心の中では古代と現代が錯綜し、大きな混乱を招いていた。以来、彼は常に自分の存在が、足は大地を踏みながら、鼻は星空に突っ込むような気分でいる。

こうして彼は心の故郷であるパリに戻った。そして、パリこそ、創造意欲を自由に発揮するにはふさわしい場所だという確信が強まった。

同時に、自分の主な仕事をスーツとコート制作にしようとしていた。それはクリスチャン・ディオールの影響が明確だった。

だが、今度は自分のスタイルを確立して、ファッションの歴史に自分の名を刻む日が、いよいよやってきたのだ。

女性がますます解放される時代を迎えて、矛盾するようだが、華美なパーティの日々は消滅するのではないかと彼は感じていたのだ。近い将来、女性は誰もが仕事をするようになるからだ。

『私は対象を三十代女性に絞ったのです。私自身の心の変化は決定的でした。もちろん、映画や演劇用の衣装作りが大いに役立ったことはありがたく思っていましたが、私のファッションの才能を世に示す時がやってきたのです』

見習い小僧がマスターになる…

ファッション、アート、そしてグルメ

Pierre Cardin 1953—

一九五三年、時機到来、ピエール・カルダンは初めてのコレクションを開催しようと決心した。演劇や映画や、パーティの衣装作りだけではアトリエの経営もままならない。カルダンは当時のサンジェルマン・デ・プレのジャズ・クラブのやり方から発想を得た。そこでは、客たちが満員のすし詰めで居心地の悪い状態であっても、そんなことを若いミュージシャンたちは気にせず演奏し、観客を興奮させていた。

彼は、形式にとらわれずに、感じのよい、そんなボヘミアン的なショーを考えたのだ。場所はリシュパンス通りのアパルトマンの天井裏部屋。

他のデザイナーたちがやってきたような幅広く大きな階段の付いた豪邸でなく、また壁には分厚いタピストリーが敷き詰められているわけでもなく、飾りの付いたシャンデリアもない。傾いた天井裏部屋、そこがショーの会場だったのだ…。

顧客はそうそうたる著名な御夫人ばかりであるが、彼女たちは狭い階段を何段も上がって、身動きができないような会場で小さな簡易チェアに座らされることを面白がった。この魅力溢れる若きデザイナーのデビューに好奇心いっぱいで、そんな状況が彼女たちには刺激的でもあったのだ。

さらに彼自身は顧客の一人一人に、丁寧にひとこと声を掛け、澄んだ瞳と笑顔で接し、御夫人たちの心を捉えていた。

そのデビューは大胆にして、まったく新しいスタイルだった。肩も凝らず、時代に合ったかっこよさで、主だったジャーナリストたちをも魅了した。彼らは、この新しいデザイナーの出現を喝采した。特にファッション界での評価を左右する力を持つジャーナリストたち、アメリカ人ではカーメル・スノーやハーパーズ・バザール誌のダイアナ・ヴリーランド、フランス人ではエレーヌ・ラザレフといった人たちが絶賛した。

特にラザレフ女史はエル誌を通じて、ピエール・カルダンの名前を著名にしてくれた。彼女が有名にした若手のデザイナーには他にもユベール・ド・ジバンシーや…カルダンが、昔、アネシーでの夏の一夜、夢を分かち合ったピエール・バルマンなどがいた。

彼の頭の中は様々なアイデアでいっぱいだった。フォームを思いつくと、ボリュームやラインや柔らかさを表現する素材を思いつき、最後にはカラーが決まってくる。

『クリスチャン・ディオールは自分の母親が着たがるだろうと思われるラインを考えて服作りをしていたが、私は、そうしたクラシック・エレガンスにはあえて背を向けて、新しい方向を探りたかったのです。なにか新しいスタイル、ひと目見ただけで、それがピエール・カルダンの服だと分かるようなものをね！』

最初のコレクションの目玉はニット地の赤いコートだった。厚手でプリーツの入ったものだったが、作らされる職人にとっては経験したことがない作業だった。

特にプリーツを手掛ける職人は、最初、この生地にプリーツなどつけられないと主張したが、それでも譲らないカルダンの無理な注文に対して、彼らは職人の意地を見せた。

結果は彼ら自身が驚くほど完璧だった。

ディオールは《才能は高くつくものさ！》と言って、彼に商品を出来るだけ高く売るように忠告した。

『二十世紀のモードの歴史に名を残したデザイナーたちは装いを通じて、女性の自由解放に貢献した旗手たち

でした。

ポール・ポワレはコルセットを取り払い、女性の肉体を解放しましたし、ココ・シャネルは初めて女性にズボンを穿かせましたし、短いプリーツスカートも発表しました。そして、ジャン・パトゥは浜辺でもゴルフでも、ヨット上でも活動的になれる、いわゆるスポーツ・ウエアを発表したのです……今度は私自身が何をもたらすのかを考えねばなりませんでした』

一九五四年、最初のコレクションで発表した《ローブ・ビュル（バブル・ドレス）》で、彼は一躍世界に名を馳せた。

『私がヴィッシー時代に付き合っていた友人のラモリスが「赤い風船」という映画を作ったのですが、その映画が私にインスピレーションを与えてくれました。すぐに、私は女性の体の回りに風船や泡（ビュル）のようなものがフワフワしているような、柔らかいドレープ地のドレスを作ったのです』

プレスにも絶賛されて、彼は三二歳にして、パリでの若手デザイナー第一人者となったのである。

その年、瞬く間に顧客は増えてきたので、彼は急いで場所をもっと広く、もっとエレガントなところに移転しなくてはならなかった。

愛想がよい上に、界隈の店の常連客でもあるので、その頃にはピエールは近所の人々とも親しくなっていた。そんな関係で、フォブール・サントノレ通り一一八番地にあるアルクール邸という美しい館の売買の話が持ち込まれた。

『近所の商店主たちが例外なく言うには、一一八番地は《呪われた館》という話でした。なにしろ、そこに以前、住んでいた人たちは、みんな破産したということなのです。私は自分の運というものを信用していましたから、そんなことも気にせずに、この《呪われた館》を買い取ったのですよ！』

彼はそこに最初の婦人服専門ブティック《イヴ》を開店し、一九五七年には、その姉妹店である紳士服の《アダム》を開店した。

紳士服として、彼は初めての柄模様のワイシャツや、花柄模様や縁取りのビロード地などのエキセントリックで派手なネクタイを発表した。

『洋服のデザイナーがネクタイを手掛けたのは私が初めてだったのです。ダンサーのジャック・シャゾは、私がネクタイを一本プレゼントしたときにこう言いましたよ。

《これだけ目立つネクタイだと、一度、着用したら、二度と着けられないな。すぐに使い古しだね》と。そうなんです、それこそが私の狙いだったのですよ。まるで、すぐ枯れてしまう花束を贈るようにネクタイをプレゼントするのです。そして、また買い換えるのです…』

この画期的なアイデアは洋服というものが、はたして《一生モノ》なのかという基本的な問題提起だった。それこそがプレタポルテという概念の誕生だった。

事業を広げていくうちに、一九五七年、とある日本人の女性ジャーナリストの仲介で日本行きの話がもたらされた。立体三次元カットを教える授業のために文化服装学院が一ヶ月間、彼を日本に招くというのだった。

まだ、東アジアには行ったことがないので、その申し出を彼は喜んで引き受けた。しかも、拡大した事業の経営の重圧から、わずかな間でも逃げ出すには好都合だったから。飛行機はアンカレッジ経由で四十八時間かかった。

『もう、拷問でしたよ！　長旅は我慢の限界でしたが、あの国への好奇心でなんとか我慢しました。同じ飛行機にはヒロヒト天皇の弟さんが乗っておられたのです。ですから、飛行機から降りて、出迎えの若

い人々が旗を手にして、熱狂的に迎える姿を見ても、私は少しも驚きませんでした。私は、さすが愛される皇族だと思っていたのです。でも、私が出て行くと…なんと人々はは私の廻りに集まってくるではないですか。

出迎えを受けていたのは、この私だったのですよ！』

到着した彼にとって、そこはまるで別世界だった。

東京も、また他の都市でも、悲惨な空襲を受けた荒廃の地に建築ラッシュだった。最初の夜はホテルの狭い部屋で、このまったく異なる別世界で、とてつもない孤独にとらわれて彼は泣きたくなった。だが、なんとしてでも我慢しなくてはならない。なにしろ、戦後の日本のダイナミックな復興の瞬間を目にしているのであるから。

彼は敏感に日本が国際的マーケットを支配するほどの経済力を構築しつつあることを感じ取っていた。

彼の講義には二千人以上もの若者たちが集まった。日本人の有名な画家である長谷川潔が完璧な通訳をしてくれた。

カルダンは特に第一列に陣取っていた二人の熱心な生徒を覚えている。後にパリのファッション界で活躍する高田賢三と森英恵である。

日本の伝統的衣装であるキモノを捨てて、新しい時代に向かおうとする、その若者たちを目の前にして、彼はプレタポルテ誕生の胎動を感じ、そこにこそ、彼らの、いや彼自身の未来がある…と予感した。年に二回、最高の作品コレクションを発表し続けていくには経済的余裕、莫大なお金が必要である。一回のコレクションに要する予算はかなりの金額になる。

彼が費やす予算は往々にして赤字となった。なにしろ、二百ほどもの作品を作って、実際に公開するのは数点でしかないのだから。何とか一回の予算を工面しても、すぐに次のシーズンのコレクション予算を考えなくてはならない。様々なアイテムを揃えて、顧客層を広げること、それが急務の懸案だった。売り上げを増やさないといけない反面、単価は低くしていかなくてはならないと彼は考えていた…それは現代のマーケティング的論理であるが、当時としては革命的なアイデアでもあった。

『五十人ばかりのデザイナー組合は経済理論からは非常に矛盾した規則を作っていたのです。当時のオートクチュール協会は作った布や型紙パターンの販売を禁じていて、規則の例外は海外の仲買人たちへの販売です。こんな馬鹿げた規則があるでしょうか。だって、作品を売った後、すぐに自分たちの作品を海外で手に入れたお客さんたちが着て戻ってくるのを手をこまねいて、黙って見ていなくてはならないのですから。

さらにはパリに進出したイタリア系のブティックでも手に入れられるのですから。馬鹿げてますよ！

私たちは自分たちの手で自分たちの首を絞めていたのです』

山岳地帯のガイドのごとく、果敢にして忍耐強く、ピエールは販売ルートを確保した。とにかく彼には現金収入と軍資金が必要だったのだ。

一九五九年のこと、モード史において彼は最初のプレタポルテ婦人服のコレクションを発表した。女性たちが街中で気軽に買える服である。それはプランタンという百貨店の売り場だった。

当時、そのことが、まるで核爆弾投下のごときスキャンダルとなった。今ではデザイナーたちの救済的手段となっている、その革命は喝采で迎えられるどころか、他のデザイナーから下品だと糾弾され、高貴な職業の行く末を危険に晒した金儲け主義の野心家として、業界の《売国奴》扱いされたのだ。

彼らにとって、それはクォリティを軽んじることであり、羽飾り細工職人、刺繍職人、婦人帽職人といった伝統工芸を培ってきた職業的イメージへの冒涜だった。

オートクチュール界はクリエイターとしての特権的アイデンティティにあぐらをかき、模造品の出ないことに躍起になり、選びに選び抜かれたいくつかの作品を定期的にモデルたちに着せるコレクションを発表し、顧客一人一人の寸法に合わせて仕上げ、原価から考えると法外なほどの料金をとってきたのである。

『彼らはオートクチュール界で、ポスト・クリスチャン・ディオールの座を争っていましたが、その後に残されている遺産なんて実はなにもなかったのですよ！』

何百人ものジャーナリストが、その事実を指摘した。だが、業界を分かち合うファッション企業に対して非常に厳しい規則を押し付けていたパリのオートクチュール協会は彼を疫病神扱いにして、除名した。

『私の意図していたことは一握りの人々が相手ではなくて、何百万人もの人々のスタイルを変えることだったのです。

もしも、庶民に対する流通経路がないならば贅沢品なんて何の役に立つのですか。

特に、ファッションが社会的に認知されていない国々ではそれが必要なのです。それに、なぜ、同じ女性が大金持ちではないという理由だけで、エレガントになる権利を奪われてしまうのですか。

私は紳士服や婦人服の販売経路を確立することによって、オートクチュールの民主化を図っていたのです。つまり、高級服を工場で作ることなのですが、そのことで、私は組合を追われたのです。

でも、私を散々批判しておきながら、他のデザイナーも私の歩んだ道の後を追わなくてはならなかったのですよ。なにしろ、オートクチュールというエリート主義で金のかかるシステムは、六〇年代のモダニズムに

どんどん合わなくなってしまったのですから。

オートクチュールは今も存続しますが、もはや研究所のような、またはシーズンの流行の発信基地のような役割しかないのですよ。

私は《美しさ》さえ守れば、なんでもする覚悟でした。目にするプレタポルテというのは氷山の一角にしか過ぎません。その下にはクォリティを守るという大変な仕事があるのです。

《簡単に買って、簡単に着て、簡単に着古す》という循環を完成するには、それなりの研究と努力が必要なのです。

デザイナーというのはいつの時代でも、美と品質の追求者でなくてはならないですからね』

発表後、同じ年に彼はワイシャツとネクタイ製造のライセンス契約にサインをした。だが、またしても彼はブティックへの販売経路とライセンスというシステム作りのために、今までの常識と戦わなくてはならなかった。

彼の考えた新しい方式とは、世界市場を視野に入れ、自らのクリエーションを普及させることである。既にマルセル・ロシャスやジャック・エイムやジャンヌ・ランヴァンたちが恐る恐る試みようとしたことであるが、それを実行する時代が来ていた。バトンは彼の手に渡されていたのである。

それは渡り鳥の群れで逆風を切って先頭を飛ぶようなものである。彼は後から楽な立場でついて来る仲間たちを従えていた。

ビジネスの世界で、リスクを取りたくないものは、誰かリーダーとなるものが素晴らしいアイデアを持って先頭を切って飛び出していくのを待つものである。そして、その真似をして、利益を得ようという策略である。だが、結果として、成功のトップを走るのもアイデアを出した先導者であって、時には無難な道を歩む方がリスクは高いのである。

当然のことだが、誰もが陽のあたる場所を欲しがる。だが、多くの人が、場所は求めるが、みんなのために太陽をもっと輝かせようというような努力はしないものだ。

ピエール・カルダンは、こうした基本的なビジネス論理で、常にトップの座を確保することができた。彼にとっては紳士服が起爆剤であった。戦後のパリ解放以来、ロンドンのデザイナーが流行を作り出していたが、そのスタイルは生真面目すぎた。


『私は紳士服の改革を手掛けたのです。生地の色からカットまで…。上着の肩からパンタロンに至るまで今までと異なるデザインで、もっとカジュアルな雰囲気を強調して、私自身の若さを表現したかったのです。さらには若者を使ってショーをしようと考えていました。なにしろ、私のコレクションは若者向きというか、若者こそが私の真のターゲットだったのですから。若作りしたい大人たちは、その後からついて来るでしょうから！』

《シリンダー》ラインが発表されたのは一九六〇年、ホテル・クリヨンでのショーだった。

彼はパリの大学の学長たちとコンタクトを取った。芸大から医大、そして、エリート校のシアンス・ポ（政治学院）まで、学生たちを手配してくれという依頼のためだった。

プロのモデルよりも、もっとナチュラルに振舞ってくれるに違いないと彼は考えたのだ。二百五十人の学生の中から選ばれたモデルたちが、舞台上で、カルダンの新作コレクションを披露した。

会場は彼らの仲間や友だちで満員だった。どのシーンも、ヒュー・ヒュー！という口笛と共に応援と冷やかしの歓声に包まれた。

この新しく、まったくオリジナルなショーのやり方は国際的なメディアで高い評価と好評を得て、《イヤー・オブ・メンズ・ファッション》に輝いた。

一九六一年、彼はプレタポルテと小物類を含めて男性ファッションの販売を始めた。こうした彼の功績によって、プレタポルテ組合協会は数年後には彼に男性ファッション部門の協会長ポストにつくようになる。

サン・テティアンヌでの創業以来、蓄えも増え、栄光の階段をゆっくりと登りつつ、やっと収穫の季節を迎えていた。

彼の豊かなイマジネーションに裏付けされた創作エネルギーが彼を繁殖力の強いクリエイターに育て上げた。

間違いのないレールの上を全速力で、彼の機関車は爆走していた。彼はその機関車に次々と車両を連結して、さらに完璧なコントロールのもとにエネルギーを注いでいた。いまや、彼にとって、悲惨な世界がいつの日か終わればよいなどと夢見て満足していた時代は遠い昔のことだ。

彼の甘く華奢な容貌に似合わぬ粘り強さと忍耐力と闘争心によって、彼の会社は飛躍的に発展していった。ライバル企業も、彼の接近には気付かず、商業的な彼の野心は誰にも邪魔されることなく、徐々に投資を増やし、市場を獲得していた。

四十代の足音が聞こえる頃、既に彼の職業は《ピエール・カルダン》であった。

彼の情熱のすべては《カルダン帝国》建設のために費やされて、そこに参加する人の他には感傷を抱いている余裕はまったくなかった。

彼の側近のスタッフたちや献身的な社員たちだけが、彼の愛情を享受することが出来たのだ。彼にとって、忠実でないスタッフは地獄行きで、わずかな人たちだけが幸運にも、彼と親密な仲になれ、天国を味わうことが出来るのである。

そんな彼の生活に恋、アムールが芽生えたのだ！

それまで、魅力に溢れた彼が恋の自慢話をすることはなく、また人の目にも、彼は、そうしたことにこだわらぬ完璧なる自由人に見えていた。

一九六一年、彼が出会ったのは有名な女優、ジャンヌ・モローで、当時の社交界の噂の種となった。

彼女は一九二八年一月二十三日、パリで、フランス人の父とイギリス人の母の間に生れた。国立コンセルヴァトワールの演劇科での聴講生を経て、一九四八年から五二年まで劇団コメディ・フランセーズに見習い座員（パンシオネール）として所属した後に、フランス国立民衆劇場（ＴＮＰ）に参加した。

その後、ルイ・マル監督の二本の映画作品、「死刑台のエレベーター」（一九五七年）と「恋人たち」（一九五八年）によってスターの座を得る。

「恋人たち」での彼女は、出会ったばかりの男に惹かれて夫も家庭も投げ捨ててしまうという地方都市に住む人妻の役だった。この映画は当時としては倫理規定に触れるほどかなり大胆なシーンが多く、スキャンダルとなり、たちまち彼女は国際的セックス・シンボル・スターとなった。

一九四九年、彼女は監督脚本家で俳優のジャン＝ルイ・リシャールと結婚し、ジェロームという息子を生んだが、後に離婚。

一九六二年、ジャンヌ・モローはジョゼフ・ロージー監督の映画「エヴァの匂い」に出演する。舞台はヴェニス。物語は美しい悪女の魅力の虜になった作家が身を滅ぼしてしまうというもの。拗ねた唇がまるで肉食花のような毒婦役はまさに彼女の適役だった。

彼女はこの役の衣装をまずココ・シャネルに依頼しようとするが、シャネルはちょうど夏期休業に入るところで断った。だが、代わりにシャネルは《私の店のすぐ近くに若手のとてもいい男性デザイナーがいますわ》とアドバイスした。

ジャンヌ・モローはその足で紹介された男の店に向かうが、その男は留守だった。店のものたちはスターの来店に大慌てで、まだデザイナーの最終チェックも受けていないコレクションを彼女に見せた。

そのデザイナー、ピエール・カルダンが店に現れたのはジャンヌ・モローが帰ろうとしていた頃である。

スターを目の前にしてカルダンは普段より内気になっていた。なにしろ、彼女は、ちょうどその前年のピーター・ブルック監督の映画「雨のしのび逢い」でカンヌ映画祭の女優主演賞を獲り大きな話題になっていたのだから。

『私は知り合う前から、ジャンヌが好きでした。彼女も私を知る前にドレスを気に入ってくれたのですから、二人は同じ立場でした！

私が店に戻ると、あのジャンヌ・モローがコレクションを見てくれていると言うではないですか。私はルイ・マル監督の映画「恋人たち」が大好きでした。でも、彼女を実際に目の前にすると、想像していたより、もっと美しくて、感受性に富んで知的な女性でした。その場ですっかり私は彼女の個性に惹かれてしまったのです。

彼女には今までの豊満な、あるいは洗練された高嶺の花といったようなものだけでない、他の女優たちには

ない、なにか別のスタイルがあったのです。彼女の存在はたちまち私の胸を撃ち、掻き乱してしまったのです』

彼女もまたカルダンの美男子ぶりに惹かれていた。男性的でありながらも控えめで、しかも鷹揚な素振りながらも感情を抑えた様子、甘いながらもはっきりとした口調、まるで愛撫のように心に染み入る視線、内気でありながら、安心感を与える彼の態度に惹かれていたのだ。

彼女の目を特に引いたのは頑丈そうなカルダンの手である。まさしくクリエイターの手だった。《恋の始めの最大の幸福は好きな女性の手を最初に握った瞬間に訪れる》と言ったのはスタンダールであるが、ジャンヌの手はすらりとして繊細だった。まさしく理想的な手と言ってよいだろう。

彼女の独特の声にも彼は惹かれた。《蕩けるような甘く美しい声…》。彼女は、その美しい声でフランソワ・トリュフォー監督の映画「突然炎のごとく」の中で歌も歌っている。

二人の出会いは互いの一目惚れだった。

言葉も交わしたが、二人は目が合った途端に感じた最初の衝撃から逃れることは出来なかった。後に彼女はあるジャーナリストに《私は情熱的で、恋に落ちやすい》と告白している。

彼女は彼に惹かれて毎日のようにやって来た。共に過ごす長い時間も、互いに打ち明けることなく、秘かに恋する彼らにはひどく短く思えた。

周囲の人々は内気なデザイナーへの彼女の想いに、《完璧な人なんかいないのだから》気をつけるように忠告するが、夢中になった彼女を思いとどまらせることは不可能だった。

彼女は《そんなことはどうでもいいのよ！　私はあるがままの彼が好きなの、とにかく彼が好きなのよ！》と答えていた。彼女はもはや揺るがぬ想いで彼への恋に走った…もう誰にも止められない…。だが、彼の方ではスターとしてただただ台座に奉り、憧れているような状態で満足し、現実に彼女が自分の恋人として台座から降りて来ようとは夢にも思わなかった。告白しても断られるだけ…自分は彼女に値する人間ではないだろう…と思っていた。

いつまでたっても彼の方から意思表示もないので、彼女は積極的に自分から動こうと決意した。関係を進展させるために、彼女は楽屋でもあちらこちらに電話をかけていた。まるで探偵のように彼に関する日々の動向を調べ上げて、外での出会いの機会を求めたのである。そして、ついに彼女は彼がシェイクスピアの生誕地であるストラットフォード・アポン・エイボンの演劇フェスティバルへ仕事で出向くことを知った。

彼女は、その日のあらゆる飛行機の予約を入れて、恥も外聞も捨て、スターとして目立つことも構わず、何時間も空港で愛しの彼が現れるのを待っていたのだ。

そして何食わぬ顔で、偶然を装って、彼と同じ午後一番の飛行機に乗り合わすことが出来た…。彼女が機内で隣の席に座ったとき、彼は彼女の策略に内心、気が付いていたが、何も知らぬ振りをして笑みを交わし、そのあまりの偶然を喜んで見せた。

彼女と言えば、素知らぬ顔で目的地でのホテルの予約をする時間がなかったのだと話した。彼は自分の泊まるホテルまで喜んで送りましょうと申し出て、ホテルに着くと、彼女は彼の隣の部屋を取った…万事順調、彼女はさらに次の手段へ進む。

それぞれの部屋に入ると、荷物を置くやいなや、彼女は隣の部屋のドアをノックしに出た…が、ちょうど同じことをしようと部屋を出た彼とホテルの廊下でばったりと出会う！

まさしくハリウッド映画の恋愛ドラマさながらだった。

もはや彼には自分を抑える理由はない。彼もまた恋の炎に身を任せた…。


『なにしろ、ジャンヌ・モローに追いかけられるなんて！

それを我慢できる男なんていると思いますか？

誰もいやしませんよ…私を含めてね。とにかく、私も我慢できませんでしたよ。

私は心の奥で、一人の女性だけを愛そうと思っていたのですが、ジャンヌに会った瞬間、その容貌を見ただけで、それが彼女だと確信していました！』


そこから長い恋物語がスタートした。甘いランデヴーを重ね、電話での長い会話、そして小旅行の数々。

旅行での思い出を彼女は女優としての教養に、彼はデザイナーとしての才能に生かして分かち合った。彼が最初に彼女のために創った衣装は緑のナイト・ドレスで、背中は肌を露出したクレープ地のものだったが、彼女はその衣装はどの映画にも使わなかった。

交際期間四年の間、彼は品格と個性に満ちた女優である彼女のスクリーンでの衣装も手掛けていた。「エヴァの匂い」（一九六二）、そして、「天使の入り江」（一九六三）や「マタ・ハリ」（一九六四）、さらに「ビバ！マリア」（一九六五）などである。

それらの衣装はカルダン独特のスタイルが表現されたもので、女スパイ《マタ・ハリ》ならぬ《マタ・カルダン》とでも名付けたいスタイルであった。

背にはたくさんのドレープを施し、前には結びリボン、ウエストは高めの位置にして、フリルを重ね合わせ、袖口は広く開けて、大きなボタン、そして盛り飾られた帽子…それはアナクロニズムぎりぎりの計算されたモダニズムだった。

『彼女は私のインスピレーションの源であり、私は彼女を愛していました。当時は天井の低いサロンでショーを行っており、背の高いモデルは流行りではなかったのです。ジャンヌはウエストがとても細く小柄でした。でも、彼女は私にとって単なるモデルという存在では決してありませんでした』

当時のゴシップ誌はこの恋物語を執拗に追いかけ、二人の抱き合う写真なども公開された。それまではオートクチュール界においてだけの知名度だったが、このジャンル違いのメディア報道によって、ラテン男、カルダンの名前は一般の人々にも知られるところとなった。

ある夏の日、彼らはゴシップ記者から逃れるようにギリシャのシクラデス諸島にあるパロス島での甘い休暇に出かけた。

夜、寝る前には、美しいエーゲ海に面した窓辺で、二人は宇宙の彼方にきらめく無数の星の輝きを眺めていた。

昼間には日焼けを防ぐために大きな麦藁帽子をかぶり、オリーヴやオレンジやレモンの実る静かな小道を互いに自分たちの話をしながら歩いた。

道なりの断崖には白い見事な大理石を目にすることが出来る。あのミロのヴィーナスをはじめとする数々の素晴らしい彫刻を生み出した地元特産の大理石である。彼らはこの硬い石に自分たちの恋を永遠のものとして刻みたく思った。

これだけの美しい大理石を目の前にしたら、すべての彫刻家は自らの名作を生み出したく思うだろうが、恋する二人は自分たちの子どもを生むことを誓い合った。

ピエール・カルダンは、まるで親になる重大な責任感への準備のように口周りに髭を伸ばし始めた。互いに忙しい仕事を中断して、そのために恋の逃避行を目論んだ。

二人の美的感覚に合致する洗練された街、それはヴェニスだった。彼の生まれ故郷にも近く、この地でこそ二人の愛の結晶が育まれるに違いない。

数知れぬ恋人たちの聖地ヴェニス、このヴェニスの霧に包まれての神秘なる創造を二人は願った。サン・マルコ広場で鐘楼の鐘の音とともに、群がる鳩に餌をやり、子作り祈願をすると、二人はダニエリ・ホテルの部屋に戻り、薄暗い光の中で、愛の果実を…だが、それが実ることはなかった。

『彼女との子供がいれば私は大変誇りにしていたでしょうね。きっと美しくて知性にあふれた子どもだったことでしょう！』

残酷なる運命のいたずら！

彼の頭には、昔のカンブルデット伯爵夫人の占いの記憶がはっきりと蘇った。

《未来のすべて、いや、そのほとんどがあなたのものになります。

ひとつだけ、ある後悔があなたの心に残りますが。何か運命的なものですね…。

それが何か、私にははっきりと言えませんが》

…『実のなる木』とは子どものことではなかったのだろうか？

その実は虫に食われてしまった。

子作りの失敗で、ジャンヌはひどく嫉妬深くなり、彼を失う不安に苛まされていた。恋人たちの間に生まれた小さな溝は概してやがて大きな溝となる。

『私が結婚を申し出るべきだったのかもしれませんが、私たちは常識にとらわれない自分たちの関係を大切にしたかったのです。

事実、私たちには互いに束縛するものは何もありませんでした。

ジャンヌは決してマダム・カルダンではなかったし、私も決してムッシュ・モローではありませんでした』

恋は儚《はかな》いもの、時間と手間を惜しめば、一瞬にして消えてしまう。

映画「突然炎のごとく」の中で、ジャンヌ・モローはこう歌う。

《私たち、それぞれの再出発、人生のつむじ風に飛ばされて…》

彼女は変わらぬの魅力で映画人生を歩み続け、彼は恋の痛手を忘れるように美しいドレスの創造に没頭した。

『夜更けの二時に寝て、朝六時に起床、そして、すぐに仕事に取り掛かるといった私の仕事人生の中で、そのリズムを中断できたのはジャンヌだけでした。

確かにやりがいのある仕事ですし、そこに妻や子どもといった存在もあれば、重要なものをもたらしてくれたことでしょう。しかし、ジャンヌにはもう子どもが出来なかったのです。

遺伝子とか知識とか財産を伝え継がせることの出来ないカップルの未来とは何なのでしょう？

子どもを持つということはカップルにとって永遠を保証する重要な存在理由なのです。

この失敗で、私たちはそれぞれの仕事に戻ったのですが、世界を駆け巡っていた私たちが出会う時間を作るとなると、まさしく時間との戦いでした。

仲違いをしたわけでもなく、だんだんと私たちは疎遠になってしまい、私は自分が唯一、熱中出来る天職、自分の仕事に戻ってしまったのです』

《人生のつむじ風》で、彼はノスタルジーに流されている時間はなかった。また、いずれにしても、不幸を嘆く趣味など彼にはない。今や創造こそが彼のすべてだ。

次から次へと溢れるように生まれる創造と、それを身につける男の子や女の子たち、彼らこそ、彼の《子ども》たちかも知れない。

リバプール出身の四人の元気な若者、ビートルズのように。一九六四年、カルダンはビートルズのために襟なしの上着を創った。創造的ヴィジョンの大木が彼の仕事であり、その木になる実がライセンス契約だった。

何年後かに、彼に夢中になったもう一人の女性がいた。彼女は彼の子どもを生んでくれると言ってくれたのだが、その頃、時すでに遅く…彼は断ってしまった。

仕事の成功によって、彼の店舗や会社はフォブール・サン・トノレ通りのいくつかに分散していたが、一九六六年、マリニー大通りに交差する五九番地にあった六階の建物に統合することにした。《ネクタイだけでそんな大きな店なんて無理だよ！　それに正面玄関を濃い緑色にするなんて、それは不幸を招く色じゃないか！》…そんな周囲の関係者たちの忠告など、彼はまったく気にすることもなかった。

まるで子作りの夢に失敗した反動かのように、その年は実りの多い創作活動の出発点となった。宇宙への夢にインスピレーションを受けた典型的なカルダン・スタイルが確立されたのである。

一九六一年、ソ連の宇宙飛行士ユーリ・ガガーリンによって初めての宇宙飛行が実現し、世界の話題となっていた。また、そのインスピレーションは一九六八年に、スタンリー・キュブリックの映画「二〇〇一年宇宙の旅」によってさらに高揚することになる。

彼のコレクション《コスモコール》は宇宙に飛び出し、新しい時代に生きる人類のためのコンセプトだった。

男性用にはコンビネゾン（つなぎ）に、メタルを周りにあしらったブーツ姿、女性用にはタートルネックのセーターの上に鮮やかな色のジャージー生地の丈の短いジャンパードレス、そして不透明のタイツと足元には幅広のローヒールの靴。

それらは今までの古典的ファッション概念を打ち破るもので、柔らかな素材にジッパーを多用し、体にフィットし、肉体の動きを自由にし、さらにユニ・セックス・ファッションの要素もあった。

合成繊維の素材は彼が意図した効果を完璧にもたらしたが、特に彼がパンタロンや袖なしの上着、ロングブーツ、手袋、帽子や縫い込みモチーフなどに多用したビニールの効果は絶大だった。


『私がビニールを素材として使ったとき、一部の人たちはこう言ったものです。《なんて下品なのでしょう! ビニールとか防水素材なんて、アパートの管理人みたいにセンスの悪い庶民が、台所のテーブルクロスに使うものだわ!》とね…』


今でも、つまり当時から五〇年経っても、同じように言われているのだから、それも無理はないだろう。

そうした人工素材を熱プレスして立体的に見せることによって、カルダン風のドレスが完成したのだ。

アメリカの女優、ローレン・バコールが、彼のビニールのロングブーツに長い手袋を身につけたが、そのイメージはまさしく未来世界のヒロインだった。

中には乳房の形をつけたドレスなどは反道徳的と評されることもあった。最もスキャンダルとなったドレスは胸の部分に丸い穴を開けて、突起したシルバーのメタルをあしらった作品だった。スカートの長さは年々短くなるばかりで、もうひとつのスキャンダラスなファッション革命、《ミニ》の誕生前夜といった具合だった。

そして、さらに先見の明があった、それは動物の毛皮ファッション反対運動の先鞭をつけたこと。コートや小物類に人工毛皮を取り入れたのは彼が最初である。

『一九六九年、宇宙飛行士ニール・アームストロングが月面に初めて降り立ったことは科学の進歩という点で素晴らしい出来事でした。そのことが私にとっても大きな創作意欲を沸かせました。アメリカ航空宇宙局(NASA)を訪れた折、私は素晴らしい体験をしたのです。警備員には黙認してもらったのですが、宇宙服を実際に着させてもらったのですよ。そのときの感動というのが強烈で、それを脱いだ瞬間、私は何としてでもコスモ・ルックの服を創らなくてはならないというような使命感を感じたのです』

この未来派スタイルによってカルダンの名前はファッション史に永遠に残るものとなる。

あらゆる勇気ある先駆者と同様に、最初は彼も理解者を得るのには苦労した。着てくれたのは、わずかにショービジネスの世界でスターであった歌手のフランソワーズ・アルディや、その夫でやはり歌手のジャック・デュトロンなどがいた。

他には国際的な活躍をしていた歌手のミレイユ・マチューも衣装は彼が手掛けていたが、彼女は保守的なジャーナリストたちからセンスが悪いと揶揄され続けていたため、時には南仏アクセントでこう反論していたぐらいだ。

《私には分からないわ、だって私の服はピエール・カルダンなのよ!》…しかし、ついに悪評に音をあげた彼女は数年後、南仏出身のデザイナー、クリスチャン・ラクロワに鞍替えしてしまった。


『コミュニケーション・ツールとしての衛星や電話、ファックス、ラジオ、テレビなどの発達が、地球全体としてハイテク情報時代に突入したことを示していたのです。そうした科学と技術の成功のシンボルが私たちの未来に素晴らしい展望を与えてくれたように思われたのです。

私のファッションはこうした素晴らしい進歩に対する賛同の意思を表しているのです。

そして、私のブランド名を商品に付与するということは、私の考えを支持してくれる企業家たちと連帯するということなのです』

彼のビジネスはすべて自己資本だったので、自分のファッションが受け入れられようが、受け入れられまいが、構わず創作活動を続けることはできるという贅沢があった。

つまり、彼自身の作品は彼のブランド・イメージであって、それによってライセンス契約の規模は成長を続け、それが大きな利益をもたらしていたのだ。

一九六〇年に確立したシステムによるライセンス商品のアイテム数は年々、増えるばかりで、世界中にパートナー企業を持つようになった。彼の名前を冠した現地生産、現地販売の商品である。

《ピエール・カルダン》というブランドで何百ものライセンス契約が存在した。世界中で知れ渡った名前を所持することによって、ファッション商品に関しては十パーセント、他の商品に関しては三〜七パーセントのロイヤリティを得ていた。

提案を受けた商品を吟味した後、すべての契約には彼自身がサインしていた。こうしたとどまるところを知らぬライセンス制覇に彼の驚異的なエネルギーすべてが注がれていた。

彼の望みはあらゆるアイテムに自分のブランド名が冠されることだった。

《常に前進》、それが彼の信条なのだ…。

第6章

文化スペース《エスパス・カルダン》

Pierre Cardin 1953――

その頃、ピエール・カルダンはアナトール・フランス河岸の大きなテラスの付いた四階建てのアパルトマンに住んでいた。

毎朝、歩いてフォブール・サン・トノレ通りのオフィスに通うのだが、橋を渡るときには、いつも、チュイルリー公園を背にして、足下に流れるセーヌ川の美しさに心奪われる。

夜明けのコンコルド広場には、まだ街灯がともっている。その華麗なる美しさを堪能しながら、彼はゆっくりと歩く。国民議会の歴史的建造物を背に、歌うような心地よい泉の水音を耳にする。

そして、二十五年前パリに上京した彼を迎えたマドレーヌ寺院に向かって歩く。広場の周りにはチェスの駒のように彫像が並ぶ。

そこを通るたびに、彼は人生はチェス・ゲームのようなものと感じていた。そして、勝敗はまだまだ先のことである。彼はちょうど次の一手として駒を進めようとしていたところだった。

それはガブリエル大通りにあるアンバサドゥール劇場。一九三八年、ジャン・コクトーの「恐るべき親たち」の初演が行われた場所。

戦争の犠牲となった青春時代、ダンサーか俳優になることを夢見ていた彼はまるで磁石に吸い寄せられるように、この劇場に興味を持った。

すべて独学であったが、彼はあらゆる形態の文化芸術に対して、とめどない好奇心を抱き、知識を広げたいという抑えようのない渇望を抱いていた。

その頃、彼にはこの劇場を買うだけの経済的余裕は十分に出来ていた。

まるで、子供の頃に許されなかった高価なおもちゃを買うように…いや、ジャン・コクトーと彼の周りにいた素晴らしい友人たちへのオマージュとして劇場を買おうと考えたのだ。彼がパリに初めてやって来た頃、生来の貪欲さを満たすもの、それが文化芸術だったのだから。

ある朝、思いきって彼は劇場に出向いて、支配人であるマルセル・カルゼンティに面会を求め、劇場の賃貸権を買い取りたいと申し出た。突然の申し出に驚いて、支配人は劇場を売ろうなんて《まったく考えていない!》と返答した。

だが、運命はカルダンの側についていた。数週間後、カルゼンティの方から電話があった。共同経営者であった実弟が死んだところなので、彼の申し出を受けて劇場を売りたいと言ってきたのだ。

こうして、一九七〇年、劇場を買い取り、土地所有者であるパリ市との賃貸権を結ぶことが出来た。契約には七二〇人収容の劇場だけでなく、三階建ての千五百平方メートルの建物も付随していた。一階はレストラン・スペースである。

若いときに家族は離れ離れになっていて、自分の家族を持つことも出来なかったカルダンにとって、その場所は芸術文化という名の大家族を迎える彼の夢の家だった。

俳優やダンサーや音楽家や美術家たちが気軽に集うことが出来る場にしたかった。様々な人々が頻繁に集う蜂の巣のような場にして、彼はその中で女王蜂のようにあらゆる花の花粉を摂取する夢を描いていた。

だが、その前にカルダンらしいイメージで、この場所を改装しなくてはならなかった。つまり、彼がファッションで仕掛けたような未来派のイメージである。

インテリアや内装の改築が始まった。ドアや窓を多くし、ガラスを通して外から明るい光を取り入れ、全体を広々とした感じにした。

内装を変えることによって、建物全体がまるで宇宙船のような様相を示した。その中で彼はキャプテンとして指揮し、世界の文化をここに集めようと考えていた。

建物の名前は《エスパス・ピエール・カルダン》とした。エスパスは仏語で《空間》のこと。彼の《空間》であり、彼の《宇宙》でもあるエスパス・カルダンは、そこに彼のヒューマニストとしての人生哲学が表現されていた。

創造という名のもとにすべての人が集う場でなくてはならなかった。天才的なクリエイター、創造家であるにもかかわらず、ラ・ヴィ（生命）の創造には恵まれなかった彼にとって、創造芸術こそが、すべてのラ・ヴィ（人生）なのだ。

だが、カルダンのこの華麗なる夢の実現は短絡的な見方しか出来ない一部の知識人たちから、《文化成金》と揶揄されることもあった。

公演の成功を左右するほどの権威を持つフィガロ紙の批評欄でも、《演劇に手を出すより、布切れに専念するべきだ》などと書かれてしまう…。

オートクチュール（高級仕立て服）の権威を失墜させて、プレタポルテ（既製服）を手掛けた《あのピエール・カルダンが、次には芸術でも安易な既製品を生み出すに違いない》と思われたのである。

そんな風評にも耐えて、カルダンは芸術文化への冒険に乗り出した。

新しい才能を発掘するために本業で得た資金から莫大な予算をつぎ込む、その覚悟は出来ていた。

しかも、アーチストの才能が認められれば、自分の名前も取り上げられるので、長い目で見ると高額な宣伝予算を支払うより有効な広報にもなる…。

同時に、彼には新たな才能探しで、各地の芸術祭を取捨選択しながら見て歩く大きな楽しみも出来た。ナンシーの演劇祭で、彼が注目したのはアメリカ人演出家であり、造形美術家でもある当時三十代だったロバート（ボブ）・ウィルソンだった。

彼はニューヨークの前衛劇の旗手として、ダンス、マイム、音楽などを斬新な形式で取り入れた演劇を創造していた。

カルダンは劇場のオープニング公演として、彼の作品「聾者の視線」を依頼する。

全編台詞がなく、上演時間もまちまちで五時間から七時間と長く、舞台には総勢三十人ほどの役者やダンサー、そして動物たちまでもが出演するという型破りのスペクタクルだった。

この作品は作者であるウィルソン自身が体験した奇妙な実話から生まれた。

一九六七年、彼がニュージャージーの街を歩いていたときのこと。警察官が一人の黒人少年を殴っている場面に出くわした。

彼はかわいそうに思い、仲に入って警官をなだめ、少年に付き添って、近くの警察署まで同行することにした。少年の名前はレイモンド・アンドリューズというが、少年が聾唖者であることが判明し、数時間後に解放された。

ウィルソンは彼を家まで送り届けたのだが、少年の家は貧しく十三人もの家族が狭い二部屋に住んでいた。さらに驚いたのは、家族の人たちはレイモンド少年の障害に気が付いておらず、単に自閉症気味だと考えていたことである。

やがては施設に送られるレイモンド少年に同情して、ウィルソンは彼を自分の養子に迎えた。

こうした経緯を経て、「聾者の視線」は彼と少年との共作によって生まれた。少年は読み書きも出来ないために、身振り手振りや、自分の思いを絵に描くことでしか表現できない。出来上がった作品はまさしく聾者、レイモンド少年の世界を描いたものなのだ。

エスパス・カルダンでは天井が低く、公演の半ばほどで予定されていた舞台美術が収まらなかったので、公演を前半と後半に分けることにした。つまり、三時間余りの前半部分をエスパス・カルダンで行い、後半はバスを用意し、観客をポルト・サン・マルタンにあるテアトル・ドゥ・ラ・ミュジークに運ぶという形にしたのだ。

一九七一年五月十四日、舞台の初演はパリの芸術関係の名士たちが全員顔を揃えた状況で行われた。

幕が開くと、しばらくは観客の興奮が感じられたが、公演の長さで、次第に観客にも疲れが見えてきた。なにしろ、終演は午前四時なのだ…。当時の劇評では以下のような記事が出た。

《第一部を見て帰った観客は幸福感に包まれたに違いない。なにしろ、ポール・デルヴォーやイヴ・タンギーの絵画に強く影響させられたシュルレアリスト的パントマイムを目にした気分だったのだから。

第二部を見て帰った観客はヴィクトリア朝のサロンで一部だけを見た客と同じような印象を持っただ

ろうが、既に多少の不安感に包まれていたに違いない。

第三部を見て帰った観客は少々、がっかりして帰ることになる。バロックと思わせたい舞台美術もまるでデパートのクリスマス・セールで見せるクレーシュ（キリスト生誕を描く箱庭）のようだ。

第四部を見て帰った観客はもう悄然として疲労困憊、よれよれ状態だ。舞台は時間が経つほどにレベルが落ち、最後にはまるでディズニーをさらに悪趣味にしたようなもので、それが、延々とこれでもかと思うほどに執拗に続くのだ。

まさしく悪趣味と彩色した俗悪写真の極みで、郵便局が配るカレンダーにも劣る勘違いの実験演劇である。わずかの例外を除いて、それは醜く、間が抜けていて、時代遅れで、甘ったるいお子様ランチ風のシロモノだった》

エスパス・カルダンのオープニングの是非はともかく、大きな話題にはなった…。

公演中、ピエール・カルダンはロバート（ボブ）・ウィルソンとの戦いの連続だった。なにしろ、才能と同様に、彼のわがままも並外れていたのだから、舞台裏でもさまざまな問題を引き起こしていた。

『公演期間の何週間も、私は毎晩、「聾者の視線」を最後まで見てましたよ。ロバート（ボブ）・ウィルソンを励ましてやろうと思ってね。

内容をもっと短くするように忠告もしましたが、彼は聞く耳を持っていませんでした。

金銭的に余裕のない彼を私はアナトール・フランス河岸にある私のアパルトマンに寝泊りさせていたのです。公演は私にとっても大きな負担だったのです。でも、彼は私に対して礼のひと言どころか、敬意さえ欠いていました。

ある意味で彼の率いる劇団全体が、五月革命の学生たちのようで、私を含む《汚い資本主義者》にこき使われているとでも考えていたのでしょう。この私にも皮肉と挑発ばかりでした。

ロバート（ボブ）・ウィルソンも身勝手で思い込みの激しい男でした。

舞台には三匹の本物の大蛇が出てくるのですが、彼らがちゃんと世話をしないものですから、次々と死んでしまうのです。そのたびに私が駆けずり回り、大蛇を補充しなくてはなりませんでした。

まったく面倒なことばかりの連続でしたよ！

ある日なんか、夕方の五時ごろになって、十歳ぐらいの黒人少年を十数人出演させたいから、夜八時から始まる公演のために、至急、集めてくれ、《それが出来ないならば、今夜の公演はキャンセルだ！》と言うのです。無理な注文で、最悪の状況を覚悟していたのですが、幸いにも何とか幕は開けてくれました…』

おそらく、芸術家にとって作品は自分のもので、金を出しても絶対に口は出すなということだろう。往々にしてよくある芸術家の偏執的わがままなのだが、その性格で、純粋な支援を卑劣な搾取とでも考えていたようだ。

『何週間後かに公演が終わって契約も終了し、彼との関係が切れたとき、私は肩の荷が下りてほっとしましたよ。一九九一年、彼がオスカーか何かの映画の賞を受賞したとき、彼はそれまでデビュー以来、応援してくれた人々の名前を列挙していたのですが、その中に私の名前は入っていませんでした。このことで、なんと恩知らずの人間かと私はさらに呆れてしまいましたね！』

エスパス・カルダンが文化芸術の家族作りとするならば、元気な若者なくしては団欒もない。

彼のファッション・ショーのように、劇場にも若者たちを呼び寄せようと、カルダンは通常より早く開幕する夜の六時から始まるスペクタクルを開設した。そうすれば若者たちも仕事や学校帰りに気分よく立ち寄ることが出来る。

そのアイデアを最初に生かしたのが、ロマン・ブテイユ作の「灯りをつけて、息苦しいわ」で、ブテイユが率いる若者劇団《カフェ・ドゥ・ラ・ガール》が演じた。

出演者はミウ＝ミウ、パトリック・ドヴェール、ジェラール・ドパルデューで、彼らは、後に、一九七四年、ベルトラン・ブリエ監督の映画「ヴァルスーズ」で大人気となった面々である。

この映画は不道徳で節操がないとして、五月革命によってもたらされた風俗の変化をまだ十分に消化していなかった一部のフランス人にとって、かなりショッキングなものだった。

その若者たちこそ、五月革命の落とし子たちだったのである。公演中、毎晩、食卓で大騒ぎするいたずらっ子たちを優しく見守る父親のような存在が、カルダンだった。

彼らは公演の前にイントロダクション代わりにこのようなアナウンスで自分たちのことを紹介していた。

《僕たちは時には六人グループだったり、時には十二人だったりしますが、みんな美男美女で、知性に溢れ、行儀は悪く、苦労も知らずに親たちに育てられてきました。

僕たちが持っている一般教養は嘆かわしいぐらいですが、髪の毛は清潔で、わざと乱しています。

僕たちはまだ若いので、誰も税金なんか払っていません。

僕たちにはリーダーも責任者も、下っ端もいません。

僕たちは宣伝をしたりすることもありません。

僕たちの仕事は、まあ、バカンスのようなもんで、楽しんでやってます。

僕たちはいろんなことをしています。家具屋の見習いとか、医学部の学生とか、美容師の男の子とか、教師になりたいやつとか、女性騎手とか、銀行に勤める演出家とか、骨董狂いとか、すごい才能を持ちながらも意志薄弱で、それを生かせないやつとか、女優の子どもとか…

まあ、こんな僕たちと言えるのでしょうが、それが本当かと言うとそうでもないのです。

自分たちで自覚していることは僕たちはみんな、生まれたときから働く気のない怠け者なんです。

僕たちの先生や雇い主たちは、みんなから愛されるようになれと言ってくれます。

だから、今晩、僕たちはやってきたのです》

そんな彼らは今では、それぞれがキャリアを積んで大成功している。

自殺してしまったパトリック・ドゥヴェールのキャリアは短かったものの、ジェラール・ドパルデューは輝かしいキャリアを積んで、今や《トラック野郎のような風貌の天才的俳優》となった。

こうした当時の悪戯っ子たちを相手にピエール・カルダンは、いつもそばにいて、子供たちに注意を配り、物分りのよい一家の父親役をこなしていた。仕事から疲れて帰ってきて、まるで自分の家族のような若者たちと食事をともにし、彼らと文化芸術を語ることが彼の喜びでもあった。

『エスパス・カルダンを手掛けることによって、私はアーチストたちがもたらす文化の《太陽光線》を一身に浴びたかったのです。《太陽光線》とは歌手のジャック・ブレルが言った言葉ですが。そして、私が手に入れた、その《太陽光線》を他の人々とも分かち合いたかったのです。

私は埋もれた才能を見出して、彼らにデビューの機会を与える、そのこと自体が嬉しいのです。その後の彼らを束縛しようなんて考えたこともありません。家族みたいなものですから、子どもたちが大きくなれば出て行くのは当然のことなのです。

私には、その後、ずっと彼らと友情が続くことで十分なのです』

芸術文化の支援者（メセナ）というより、彼は礼節とか優しさといった美徳のようなもの、さらに、厳しい礼儀作法までを含めた家庭の長でありたかった。

それでも、カルダンの活動は当然ながら人々から期待され、賞賛され、感謝され、高く評価された。何人ものクリエイターたちがカルダンの功績を称えた数多くの文章を残している。

劇作家フランソワ・ビエドゥも、その一人である。

彼は一九七二年十月二十五日にエスパス・カルダン劇場で「未亡人たち」の改訂版公演を行ったことがある。マイムのような動きをする奇妙な人形が踊る幻想的なスペクタクルで、観客を子ども時代と死と無意識の世界が交錯するおとぎ話の世界に誘った。彼のカルダンに関する的確な評論が当時の演劇雑誌に掲載された。

《この四か月ほど前から、私は出会ったばかりのピエール・カルダン、彼自身の名前の付いた奇妙な場所に毎日のように通っている。

最初、彼は私をこのガラス張りで平行六面体の建物を案内してくれた。内部構造は非常にシンプルで変わったところはないのだが、中に入ると簡単に迷ってしまう。

彼が私にまともに視線を向けてくれたのは二度目に会った時だ。私の作品を褒めながら、そこで上演すると約束してくれた。だが、リハーサルに立ち会うのを彼は拒んだ。ひとつは邪魔をしたくないからという理由だったが、作品の一部分だけを見て誤った先入観を持ちたくないからだと言う。

三度目に会ったときに私たちは夕食を共にした。私の質問に答えて、彼は自分のことも語ったが、それは彼自身のことというより、まるで気にかける自分の兄弟について語るような口調だった。

その後、二度か三度、数分間の出会いがあったが、彼の歩き方はまるで頭から先に動かすダンサーのようで、特に首を肩にかしげる素振りとか、大きな手を所在無げに重ね合わせる身振りなど…それはいわゆるメセナという立場にいるもったいぶった人間のイメージとは違っていた。もっとも、フランスでは既にメセナの意味など消え失せてはいるのだが。

彼は文化会館の館長のイメージとも違っていた。彼にとっても、収益よりも出費が上回るのは明らかであるにもかかわらずである。

中には、アメリカの企業家のように、それは彼の《趣味（ホビー）》にしか過ぎないと言う人もいるだろう。だが、彼が手掛けるオートクチュールは東洋における花の芸術と同様に時間を惜しんで、細心の注意を払う仕事だ。人には分からないが、クリエイターでもある彼には、そんな暇はない。

では、彼にとって、何が目的なのだろうか?

たぶん、主な目的は時代の空気を出来るだけ感じ取れるということではないか。ファッションほど不確実な風任せの世界はなく、時代の流れによって人々の変身願望はめまぐるしく変化するものだ。

ピエール・カルダンが手掛けるスペクタクルやコンサートや個展といったものをよく見てみると、ほとんどの企画が、もっともこの場所にふさわしいものばかりで、まだ創立して間がないにもかかわらず常になにかが起こっている。

毎週でも、安心して、ここを訪れる価値がある。ここ数年、パリでの無意味な企画が多い中で、この場所で無意味なものはひとつもない。

さて、この長方形のホールはどのような方針で、運営されているのだろうか? 人数は非常に、極めて少ないが、いつも笑顔のスタッフが、朝から晩まで階を上がったり降りたりして行き来している。結婚式のテーブルを準備したり、ヴェニス水没救済のためのヴィンテージ・ワインのオークション会場など毎日のプログラム準備のためである。

この場所がパリの真ん中にあるということにも驚く。大きな木々が並び、ガラス張りの窓に映えて、いくつもの透明の彫像が、ここを彷徨う亡霊のようだ。

そう、この場は多くのことを物語るが、すぐに、そのすべてを語ってくれるわけではない。はっきりとした部分と混沌とした部分を持ち合わせる外観には自由という精神が密かに息づいている。

その場を使ってみると、そこに息づく精神は劇場主自身から来るものだとわかる。収集家でありながら、自分自身のために所持するのではなく、自分のテリトリーである、その場に出入りする美しいオブジェが現れては消える幸福感だけに満足しているのだ。

そんな関心のあり方は彼の子ども時代の頃からのものではないだろうか。彼の天職は、何日か何時間かだけ身に着けられ、常に変化する布地に自分の署名を入れるというものなのだから。

移ろいやすい衣服のブランドのように自分の名前を冠した、その場所は、語呂合わせではないがピエール（石）の上に聖なる場所を築き、さらに鳥が自由に羽ばたけるエスパス（スペース）を提供する大きな鳥小屋のようなものだ》

一九七四年一月、ピエール・カルダンは既に俳優として有名になっていたジェラール・ドパルデューを劇場に迎える機会に喜んでいた。

当時、三〇代だったオーストリア人の劇作家ペーター・ハントケの作品「コンスタンス湖の騎行」公演にドパルデューが出演したのだ。他に四人の俳優がいた。デルフィーヌ・セイリグ、サミー・フレイ、ミッシェル・ロンスダル、そしてジャンヌ・モローである。そんな俳優たちが難解な台詞をたどたどしく、時には喚き、叫んだりするのである。

この舞台はドラマでもコメディでもない。登場人物たちは顔をメイクで白く塗り、目と口には色が塗られる。役柄名は俳優たち自身の名で、舞台美術は…それが後述する問題になった点だが…。

原作者は有名なロマンチック伝承物語にインスピレーションを受けたものだが、ひとりの騎士がコンスタンス湖を訪れ、ふと気が付くと凍りついた湖の上を渡っていたことに気づき、もしも氷が割れていたら溺死するところだったと恐怖にとらわれて死んでしまうという話である。

劇の中でもそれぞれの登場人物が危うい緊張関係にあるのだが、我慢強い劇場主であるカルダンにとっても、出演スタッフたちに振り回されっぱなしの大変な試練だった。

『まず、舞台美術なのですが、ペーター・ハントケの案でイタリアに注文していたのですが、なかなか出来上がってこないので、仕方なくぎりぎりになってパリで作ることになり大慌てでした。さらに、ハントケは私にハイテク装置を使う素晴らしい照明家がいるから、彼を使うように言ってきたのですが、そのハイテク装置も結局は役立たずで…。そんな準備で大混乱していたのですが、出演者の世話も大変でした。デルフィーヌ・セイリグは約束のインタビューに来るジャーナリストを自分が何時間も待たせておいて、ジャーナリストが痺れを切らして帰ってしまうと怒り出す始末でした。舞台ではミッシェル・ロンスダルが劇中で、毎晩、二本の葉巻を吸うシーンがあるのですが、その高価な葉巻を毎日、箱ごと補充しなくてはならなかったのです。というのも、舞台監督の話によれば、ジェラール・ドパルデューが舞台用の葉巻をいつも吸ってしまうからなのです。なくなるのは葉巻だけではなく、ドリンクの自動販売機用に小銭を入れた菓子箱を置いていたのですが、その小銭も…。厄介事はジャンヌ・モローも同じでした。私が彼女の舞台衣装を特別に制作したのですが、何度、やり直ししても気に入らず、ついには…サン・ローランの店で調達してしまったのです！』

彼ら俳優たちは行儀が悪いとか、わがままとか、盗み癖があるとか、大人げないとか、弱い人間とかではなく、俳優たちは何をするか分からない人たちなのだ。

「聾者の視線」が話題になったので、エスパス劇場ではジャン＝ルイ・バローとの共同制作でルイス・キャロル原作の「不思議の国のアリス」を上演することにした。

初日の夜、アリス役のアンジェラ・ピエトロピントが顔面蒼白で劇場にやって来た。聞けば前夜、食べた牡蠣があたって食中毒だ、と苦しそうに言う。彼女は熱があり、確かに立っているのも辛そうだった。

だが、ジャン＝ルイ・バローは同情の素振りも見せず、彼女にこう言った。

《マドモワゼル、あなたに選択の余地はありません。舞台に出なくてはならないのです！モリエールのように、この仕事を選んだからには舞台で死ぬべきなのです》

その言葉に驚き、彼女はか細い声で反論した。

《でも、ムッシュー、私はまだ二十歳なのですよ、舞台でなんか死にたくありません。あまりにひどいわ！》

初日から公演キャンセルなどという事態の決断をとれるのは劇場主であるピエール・カルダンひとりだ。幕が開くと、彼は舞台に出て、既に三十分ほども待たされている観客に向けて、経緯を説明し、翌日に延期すると告げた。その代償として、彼は、その夜、観客全員をレストランでの食事に招待したのである。

そして翌日、アンジェラは回復し、無事、公演は行われた。その公演にジャン＝ルイ・バローも満足し、ピエール・カルダンも彼女が舞台で死なずにすんだことを喜んだ…。

だが、もちろんすべての劇場支配人が観客全員をレストランに招待する経済的余裕を持っているわけではない。彼のこうした気前のよさに、つけ込むセレブ・スターたちもいた。悪気があるわけはないだろうが、マレーネ・ディートリッヒもそんな一人だった。


『ジョセフ・フォン・スタンバーグ監督の映画「嘆きの天使」で一躍スターとなった彼女は、当時、七十二歳になっていましたが、美しい容貌も衰えず、あの独特の歌声にも変わりなかったのです。

その彼女がエスパス劇場で、十二年間の沈黙の後、たった二晩だけのカムバック公演を開いたのです。一九七三年六月のことでした。

私にはそれがとてもよい思い出でしたので、彼女にもう一度、同じ場所で長期公演をしてもらえないかと打診したのです。

返答代わりに、彼女は《一晩、四万フランよ！》とひと言、即座に強い口調で言いました。

上演の最後に、私は毎晩、三百本のバラの花を観客に配り、彼女へのオマージュとして舞台に投げさせたのです。

そんな気配りに彼女は礼のひと言を言うわけでもなく、楽屋にはいつもよく冷えたシャンペンを用意してくれとか、ミュージシャンには舞台に紗幕をかけて、観客から見えないようにしてくれとか要求だけははっきりと出しました。

私はすぐにリールの工場に紗幕地を手配したりしたのですが、彼女はイギリスのチュール地でないとだめだから、すぐに航空便で取り寄せるように指示してきたのです。反論はしませんでしたが、イギリスの生地は実はフランスから仕入れていることが私には分かっていたのです。

また、バレエ公演のため舞台の床にはゴム製の敷物を施していたのですが、彼女は、それをすぐに全部剥がさないと、舞台には出ないと言って来たのです。わがままな脅迫に近いものでしたが、私は黙って、彼女の指示に従いました。

すると今度は舞台から帰ってくると、彼女はこう言うのです。

「あれは私の骨の音じゃないわよ、床のきしむ音を何とかしてよ!」

私には、伝説的大女優として振舞って、私の我慢の限界を試そうという彼女の魂胆が分かってきました。私をまるで自分の下男のように扱うので、私もだんまりを決め込んだのです。

すると今度は、私の秘書やスタッフを呼びつけてのハラスメントを始めたのです。彼女はさまざまな要求をメモに書いて送ってくるのですが、それにも私が答えないでいると、最後にはメモ用紙とボールペンを持って私のオフィスにまで乗り込んで来たのです!

それでも十日間公演の最後の夜は、私が用意した車で彼女が劇場を出るとき、私も見送りに出たのです。私はちょっと皮肉を込めて、「この劇場の誰もが、マダム、あなたの御出演を生涯忘れることはないでしょう。特に私は！」と言ったのですが、勘の鈍い彼女はまったく気が付かないようでしたよ。しばらくたったある日、不幸なことに私は彼女とまた出くわしてしまったのですが、そのときも彼女は会うなり、機会を逃すまいとして、こんな言葉をやぶから棒に投げつけてきたのです。「カルダン！、あんたが出す次の香水は《マレーネ》って名前にしなさいよ！」こうして、彼女はあの伝説的な歌声までをも私の記憶から葬りさることに成功したのです！』

アーチストという人種は往々にして、《私》という自己が膨張して、与えられ授かった才能の喜びを人と分かち合うことが出来なくなってしまうようだ。理想的な人間というのはなかなか存在しない。

演劇の世界に比べて、造形美術の世界はずっとましだった。それはピエール・カルダン自身が、その世界の一人であるからだろうが。デザイナーというのは服飾における建築家である。体のカーブに沿って衣服を巻きつけるのでなく、素材のフォームを平面で描くのである。体にフィットさせるのは、その後である。

『私の衣服とは、花瓶を作ることに似ています。花瓶にも丸いもの、四角いもの、とがったもの、大きなもの、広口のものと様々な形があります。最後に、その中に水を満たすわけですが、私にとっての水はドレスに袖を通す女性の肉体なのです。私の衣服創作は造形芸術に他なりません』

一九七一年十一月、カルダンは《エスパス》にアート・ギャラリーをオープンした。そこは彼のパイオニア精神を生かした場であり、彼自身の理解を超えていても、何よりも《発掘の場》であることに重点を置いた。

『何を発掘するか？…七十年代の美術界はある意味で混沌とした時代で様々な現象が生まれていました。私はギャラリーが、限られたひとつだけの流行にとらわれ、排他的になるのではなく、あらゆる現象を捉えられるような場にしたかったのです。そうした方針にはリスクが伴いましたが、私がリスクを負うのは、それが初めてのことではありませんからね。絵画から彫刻に至るまで、あらゆる表現芸術が既に存在する形式ではなく、もっと別な新しいものを目指しているものを紹介したかったのです。いつかは、それらも時代遅れとなるのでしょうが…。画家や彫刻家が存在するのは、彼らが《創る》からです。当たり前のことですが、私のギャラリーでの選択

基準は、その言葉に尽きます。

平凡な言い方をすれば、何か新しく創造されたものとなるのでしょうが、私はそれを《逸脱》したものと言いたいですね。

つまり、そこで展示される作家作品は現代アート界で、既に存在する様々な潮流のひとつに属するというものでなく、それを越えて、もっと新しい方向性を探るものであって欲しいと思ったのです』

年に二度、三百から三百五十点のコレクション発表のための衣装を作る忙しい合間に、彼の毎日の悩み事はその《新しい方向性を探る》ことでもあった。造形美術の面でも常に新しいものを追い求めていた。

《エスパス》のギャラリーで未発表作品に囲まれていると、彼は人間の素晴らしい想像力とは限りのないものだと感嘆するばかりであった。

例えば、ユダヤ系ポーランド人でブラジルとフランスを行き来して活躍していた造形作家、フランス・クラクジベルグの作品はブラジルの原生林からのインスピレーションである。

またギリシャの造形作家ヴァシラキス・タキスの物体の動きを捉えた作品があった。彼は主に磁力によって起こる複雑な揺れ現象を作品に生かして、視覚と聴覚に訴える。

こうして、カルダンはギャラリーのプログラムを出来るだけ国際的なものにした。彼を既に迎え入れた国であったり、またはこれから進出する国々である。

彼の名前があまりに有名なので、時にはまるで神を迎えるように、彼のもとを訪ねて来る多くの人たちとの交流によって、作品がもたらされることもある。

一九七〇年、何度目かに日本を訪れたときのことだ。彼のホテルに、ある謎めいた人物がやって来た。フスイ・カネコ（金子孚水）と名乗った。年は既に八十歳ぐらいだろうか、だが背筋はぴんと張って、長くて白い口ひげをたくわえ、着物姿で草履を履いていた。

彼はカルダンにホクサイ（北斎）のエロティックな作品を見せた…。

北斎、一七六〇年に生まれた日本の浮世絵画家で、その作品は世界の宝と言ってもよいだろう。金子氏はそれらを彼の師匠から譲り受けたという。彼自身、日本では発禁となっている秘画作家の弟子にあたる。厳かな儀式が始まるかのように、彼は持ってきた二つの鞄を開けた。

その中には、ていねいに絹のような紙で保護された二十四枚の小さな秘画があった。墨絵や水彩画の作品だ。一八四〇年頃の作品だという。それらは北斎が死ぬ九年ほど前の作品である。

北斎は晩年は貧しく孤独の内に酒浸りになったそうだが、それらを自分の代表作だと考えていて、死ぬ間際の最期の言葉は《あと五年長生きできれば、私は立派な芸術家になれる》というものだったらしい。

それらは立派な桐の箱に収められて、百三十年もの間、日の光にも当たらずに保管されていたそうだ。

金子氏の訪問の目的は、これらの作品をカルダン自身がパリに持ち帰って、展覧会を開いて欲しいというものだった。しかし、これほどの作品を国外に違法に持ち出すわけにもいかず、カルダンは申し出を断った。

だが、その六年後、突然、金子氏がパリに着いたと連絡してきた。相変わらずの着物姿で飛行機から降りて、老齢にもかかわらずかくしゃくとし、立派な白い口ひげも変わることなく、初めての飛行機旅行に取り乱すこともなく、北斎の作品を小脇に抱えてやってきたのだ。

スタッフと共に、とりあえず、彼をアナトール・フランス河岸の自分のアパルトマンに迎え入れて、エリゼ通りの邸宅に滞在してもらった。

こうしてカルダンは興奮状態で、この至宝コレクションの個展を開いたわけだが、公開には極めて前代未聞の鑑賞スタイルをとった。

鑑賞者には、まず懐中電灯を渡す。それを持って作品を鑑賞してもらうというものだった。会場は真っ暗にした。それは光によって作品が変質するのを防ぐためだ。

暗闇の中、房事を覗くようなちょっとした罪悪感の効果もあり、また、物音ひとつしない会場で、まるで蛍が舞うような揺らめく光の数々は奇妙な光景だった。

鑑賞者の光の先には、まず美しい線で描かれた着物の乱れたラインが目に入る。目を凝らしてみると、海草とも巨大野菜とも思える大きな女性器が目に飛び込んでくる。貪りあう絡み、気を遣る女たち、目を閉じて頭を反らす姿態、厚化粧の瞼（まぶた）、死人のような顔。興味深いのは各シーンの中にあるコントラストだった。

肉体が交わる情熱が描かれているのに、顔の表情は冷ややかでもある。強烈な欲望の裏に冷たく覚めた眼がある。

帰国の折、金子氏は、そのコレクションをカルダンの手元に置いて行くと言い出したが、カルダンは作品を自分のものとして所有することは断った。今頃、それらは日本の宝として、どこかに大事に保管されていることだろう。

あらゆるジャンルの若手作家たちが出現するようになり、一九七二年からは彼らも出品できるような初めてのオークション制度も始まった。パリ市の競売担当官のジャン＝ピエール・ビノシュが、それまでロンドンやニューヨークに出かけていた若手収集家や外国の美術愛好家たちに門戸を広げて、より幅広い人たちに向けてのオークションを企画したのだ。

『こうした新たなアーチストたちの出現が、私の想像力や夢、そして創造への欲求にさらに火を付けてくれました。それまでとまったく異なるアプローチが私に大きな影響をもたらしてくれたのです。エスパスにおいても現代アートのオークションを開催したのですが、私自身が、オークションでの最高の顧

客でもありました』

エスパスはたちまち若者たちが同時代感覚を得られる場所となり、さらに外国人作家も分け隔てなく対応し、いわば当時の文化の大使館的役割を果たし、よりインターナショナルな場となっていた。

音楽の分野でも大きな功績を残した。

ピエール・カルダンは一九四五年、ルーマニアからフランスにやって来たマリウス・コンスタンと面識があった。

彼はオリヴィエ・メシアンや、アルチュール・オネゲル、ジャン・フルネや、ナディア・ブーランジェといった巨匠たちの後継者であり、現代音楽を紹介するアンサンブル・アルス・ノヴァを一九六三年に設立している。またローラン・プティ・バレエ団のオーケストラ指揮者でもあった。

カルダンは彼に高名なオーケストラ指揮者や作曲家による音楽プログラム企画を依頼した。それが一九七一年一月から一九七五年四月まで行われた四十あまりの新作プログラムである。

伝統的クラシック作品だけでなく、ミュジーク・セリエルからエレクトロまで含めたあらゆるテクニックの多彩な実験音楽が紹介された。

オリヴィエ・メシアンによる「庭のホオジロ」、モーリス・オハナによる「二十四のピアノ・プレリュード」、さらにはルチアノ・ベリオやジョルジュ・アペルギスなどである。

クラシック・コンサートに代わって、こうした現代音楽がエスパス劇場の特色となり、フランスではユニークな場として、さらに幅広いジャンルの音楽家たちを世界中から迎えた。

例えば、オペラ歌手のレナータ・テバルディ、チェロ奏者のムスティスラフ・ロストロポヴィチ、バイオリニストのイゴル・オイストラッフ、ピアノ奏者のフィリップ・アントルモン、同じくピアノのカティアとマリエル、ラベック姉妹もいた。

ジャズやロックの世界からも、ステファン・グラペリやエラ・フィッツジェラルド、サックス奏者のジェリー・ムリガンやフランスのポピュラー歌手ジョエル・ダイデ、ユセフ・ラティフ・カルテット、そして一九七一年十一月にはアリス・クーパーがいた…。

アメリカのハードロッカーだったアリス・クーパーはまだデビュー間もない頃だった。

ライブには素晴らしいミュージシャンを従え、音楽に陶酔する悪魔のごときなりふりで、十代の子どもたちには大人気となったが、その多くの親たちにとっては悪夢に他ならなかった。黒く長い髪の毛を振り乱し、危険と退廃の香りを強調するけばけばしいメイクの彼はブルジョワ階級への挑発を意図していた。

だが、素顔の彼はどちらかというと陽気で優しい男だ。既に三十年以上も怪物的形相で血のほとばしるような暴力的な舞台を演じているが、そんな音楽も、今では微笑ましくもあり、誰も驚かせることはない。

そんな彼も二〇〇五年にはモンテカルロの上流階級の観客を相手にコンサートを開いたぐらいで、エスパスに出た頃、新聞雑誌でスキャンダルとなったことなど嘘のようだ。

さらには多くの若手のダンサーを迎えたバレエ・プログラムも始まった。

一九七〇年十二月にはフェリックス・ブラスカが、ローラン・プティ・バレエ団公演でジジ・ジャンメールを相手に第一歩を踏み出した。彼は二十九歳で、プロコフィエフの音楽をバックに、《パ・ド・ドゥ》を披露するが、それはコミカルで、活気に溢れ、激しい動きながら優雅さもあり、優しさとユーモアの入り混じったものだった。

その後にはヨゼフ・ルッシロが登場した。この若いアメリカ人ダンサーはプレスで《動物のごとき柔らかさ》、《猫科のリラックス》、《強烈な舞台での存在感》などと称された。裸の群舞の中で白い衣装を身につけたり、次には白い衣装の群舞の中、自身が裸になったり。ベジャール風にダンサーたちは静寂の中、客席から舞台を去ったり。

その後は、パオロ・ボルトルッツィがカロリン・カールソンの振付で踊った「スパー」があった。スウェーデンの詩にインスピレーションを受けた非常に抽象的な内容で、音楽はエレクトロ・アコーステイックの作品だった。

『他にも、リヨンのバレエ団を率いたヴィットリオ・ビアッジ、ペーター・ゴスなどたくさんのダンサーがいました。

彼ら全員がこうして列挙するだけでは惜しい存在で、私に大きな喜びをもたらしてくれ、それぞれに大成功したプログラムでした。みんな素晴らしいプロ意識で、インスピレーション豊かで、ダンスへの情熱と愛情に溢れていました。

さまざまなダンサーたちがアメリカ、イタリア、日本、カナダなど世界各地からやってきました。

中でも特に思い出深いのはピロボルス・ダンス・シアターです』

《ピロボルス》とはジャガイモにつく小さなキノコ状の菌の名前で、光に当たると、次第に姿を変えるものである。ダンサーには二人の女性と四人の男性がいた。女性ダンサー二人、男性ダンサー四人で構成される彼らの振付は、そのキノコ菌の生育過程を模倣したものだった。

ダンスといえば、個人のスター的踊り手を中心とするものだが、このグループは、そんな常識を覆し、メンバー全員が一体となって、ひとつの構造を組上げていく。まるで、いくつかの肉体で構成されたひとつのマシーンが、流動的に姿を変えるという滑稽さも交え、想像力に富んだものだった。

使用される音楽もフォークあり、クラシックあり、様々な効果音あり、という音のコラージュだ。

つながり、伸縮し、重なり合う肉体が完璧な幾何学的模様を形成し、それがコンパクトなグループに分かれ、溶解し、合成されていく。
その様子は、まるで彫刻家の手の中で捏ねられる粘土を思わせ、斬新な空間芸術のあり方に観客は驚いた。

『ピロボルス・ダンス・シアターはエスパス劇場が、本来の役割を見出す契機となった革新的な公演でした。空間芸術の再認識、それこそが私の思い描いていたエスパスの役割でした』

演劇、音楽、そしてバレエといったさまざまな芸術が、新聞などのメディアで書き立てられて、まるで、かつてのヨーロッパにおける宮廷芸術のように世界に広がっていったのだが、それはどんな商業広告もなし得ない効果を生み出していた。

一方、劇場で公演プログラムの質の良さを維持することによって、カルダンは自分が単なる企業メセナとしてだけではなく、真の芸術愛好家として認知されることを願っていた。

こうした数々の輝くアーチストたちの中でも、エスパス劇場の高い評価を決定付けた一人のアーチストが現れた。彼女の名前はマイヤ・プリセツカヤ。

クラシック・バレエの完璧さを備え、ロシア・バレエ界のシンボル的存在であり、さらに生来のテクニックに加え、新しい表現力を併せ持った現代のアーチストとして、マイヤ・プリセツカヤの存在は《生きた伝説》と言えるだろう。映画界ではグレタ・ガルボが、そうであったように。

マイヤは一九二五年生まれで、ボルシェヴィキ革命後からスターリンによる粛清の時代を生きてきた。父親であるミハイル・プリセツキは鉱山局の技師で、ソ連邦の政治局員でもあったが、スターリンの粛清によって政治犯として銃殺され、無声映画時代の女優であった母親のラヒル・メッセレルは《人民の敵》の妻として、マイヤの弟である幼い息子と共に収監され、強制収用所に送られた。

マイヤは母方の伯母で、ボリショイ・バレエ団のエトワールでもあったスラミフィ・メッセレルの尽力で、かろうじて孤児院に送られることなく、彼女によって育てられた。しかも、伯父のアサフ・メッセレルはボリショイ・バレエ学校のバレエ研究者だった。

不幸中の幸いというか、こうした環境で育てられ、彼女はバレリーナとして才能を伸ばしていった。だが、彼女に《人民の敵の娘》というレッテルが消えることはなく、マイヤはその後もずっと《政治的危険分子》として扱われていた。

スターリンの時代、冷戦時代、デタントの時代、閉塞状況からペレストロイカへと、ソ連邦の首脳は次々と替わったが、マイヤは常に安心できる状況にはいなかった。六年間の国外渡航禁止措置、彼女の芸術活動への不認可、KGBによる尾行、周囲の仲間への中傷工作など政治的陰謀、私生活への様々な干渉、さらには国外における交友関係への干渉などが続いていた。彼女の人生は抵抗の連続といえる。

ソ連政府は彼女を国外では最も有効な大使的存在として利用しておきながら、モスクワにおいては常に屈辱的な扱いをしていた。

一九七二年、ピエール・カルダンはアヴィニョン演劇祭で、初めて彼女の舞台を見た。マイヤ・プリセツカヤの激しい官能を秘めたダンスは瞬間にカルダンの心を捉えた。舞台を終えて、画家フェルナン・レジェの妻であるナディアの紹介で、彼の前に現れたのはひとりの華奢な女性だった。

当時、彼女は四十六歳だったが、その比類なきテクニックと表現力で既に名声を確立していた。歩くときの、まるで足が宙に浮いているような軽やかさに彼は驚いたが、彼女には持って生まれたエレガンスが備わっていた。外見はひどく華奢ではあるが、カルダンは内に秘められた激しい気質をすぐに感じ取った。彼女の持つこの二面性こそが、強くカルダンを惹きつけたのだ。

そのときには二人は多くを語らなかった。というのも彼女はフランス語を解すことが出来なかったからだが、沈黙こそが大きな感動を雄弁に語っていたことを彼女もしっかりと感じていた。


『人は彼女のことを気取って冷たいとか言っていましたが、彼女はただ内気で控えめだったに過ぎません。とても繊細な感受性を持っていました。

舞台で見た彼女の存在への感動は、素顔でも変わりませんでした。私たちは会ったときから、身振りだけでお互いに分かり合うことが出来たのです』

お互いに惹きつけられた出会いは、すぐに素晴らしい共同作業を生んだ。つまり、その後、六作品のバレエ衣装をカルダンが彼女のために制作したのだ。

『マイヤ・プリセツカヤはクラシック・バレエの化身というだけでなく、長いキャリアの殆どをボリショイ・バレエのシンボルと崇められていました。

彼女は文化的には生粋のロシア人です。でも、政治のあり方については批判的でした。ロシアのバレエ界においては名前も名誉もありましたが、ある意味では拘束状態に置かれていました。

モスクワでの彼女は敬意も払われ、クレムリン宮殿で行われる盛大な公的イベントにも呼ばれ、公演の初日には首脳たちも駆けつけ絶賛され、外面上は華やかな存在で、勲章も授与されていました。しかし、舞台が終わって彼女がひとりで帰るのは粗末な家です。彼女ほどの存在ならば宮殿に住んでいても不思議ではないでしょうが。

ソヴィエトにおける他のアーチストたち同様に、彼女の給料は微々たるものでした。海外公演で高額なギャラを受け取っても、全額を政権が没収していたのです。ボリショイ・バレエ団で輝かしいキャリアの絶頂にいても、彼女は他の人々と同じ単なる公務員の一人なのです。

彼女は、よく舞台裏で私に、そんな内情を告白してくれました。私は資本主義国のビジネスマンとして、たびたびモスクワを訪れて、モスクワで公的な歓迎レセプションにも招待されていましたが、自分が資本主義を理想としていることを隠すこともありませんでした。私は資本主義者として私の愛するロシアと仕事をしていたに過ぎないのですから。

そんな場でも、マイヤは常に貴賓席に座らされていました。それでも、彼女は機会があるごとに、たとえ新聞記者がそばにいようが、あからさまに政権批判を繰り返していたのです。にもかかわらず、彼女は追放されたりすることはありませんでした。というのも、彼女は世界最高のダンサーとして、バレエを通じて、海外での共産主義のイメージ高揚に大きく寄与していたのですから。

その役目を背負わされて、彼女は海外への公演も許されていたのです。さもなくば、彼女の言動で、すぐさま収容所に送られていても不思議ではありません。彼女は政権に媚を売ることなく、ボリショイ・バレエ団でのトップ・ダンサーになるという奇跡を成し遂げたのです。

バレエ団でトップの座を占めていることは、さまざまな嫉妬に囲まれますが、彼女は名誉と勲章を受け入れることと引き換えに西側社会の状況を見る機会を掴んだのです。

外見は華奢な女性に見えますが、内面は強く、常に自由と自立を渇望し、自らの芸術活動を通じての政治的プロパガンダについては激しく抵抗し、拒否し続けていました。

彼女は既に一度ならずパリのオペラ座で大成功していましたが、一九七三年、私は彼女にエスパス劇場でのプライベート公演を依頼したのです』

根っからの《資本主義のビジネスマン》であるカルダンは同時に優しい王子様のような素顔も持つ。アーチストを丁重に扱い、拘束することなく、表現の喜びに専念してもらうためには、あらゆる日常的な厄介事を取り払う配慮を惜しまなかった。

マイヤに対しては夢の生活を彼は用意した。華やかな社交界を集めてのパーティだけでなく、四・五時間ほどゆっくりと心置きなく過ごせるような少人数の楽しい食事会も催した。また、公演のギャラという点でも大スターに似合う額を用意し、最高の舞台が出来るよう、彼女だけでなく、彼女の共演者やスタッフたち八十人に対しても、公演の三ヶ月間、あらゆる贅沢と快適な条件を用意した。

しかし、こうして西側のビジネスマンとの共同企画を個人的努力で立ち上げても、ボリショイにおける彼女の待遇は相変わらず何の変化もなかった。

在パリの多くのソ連当局者たちは、この企画が政府の黙認状態であることを知り、彼らも知らぬ振りをしていた。

マイヤとカルダンの二人、彼らは圧制に苦しみながらも抵抗する女性シンボルと資本主義の公認的シンボルとのコンビであった。

チェーホフの短編小説を題材にマイヤが振付をした「犬を連れた奥さん」ではアンナという人妻とグーロフという男との恋物語が描かれている。それは道徳習慣や礼儀作法、あるいは人の噂や、良識派からの非難の眼差しといった蜘蛛の巣のようなしがらみから、逃れようとする二人の関係。それは同時に体制からの脱却という暗喩でもある。
初日の楽屋にはソ連当局者は一人もいなかったが、劇場は超満員で、初日公演は大成功だった。新聞などでも大きく取り上げられたので、次の晩には、知らぬ顔を続けるわけにもいかなくなり当局者たちが現れ、公演の成功を国家の栄光として称えた。

『祖国に帰国する前夜、マイヤはその悲しみを私に話してくれたのです。コンコルド広場を迂回しながら、マイヤは泣いて私に訴えました。
《ピエール、私は自分をダンサーとしてだけでなく、一人の人間としても、これほどまでに歓迎してくれたフランスが大好きです。出来るなら、ずっとここにいたいわ。でも、私は大嫌いな、あの国に戻らなくてはいけないのです。私の家族たちの命を守るために…》
そう言った彼女は自分の置かれた立場と西側社会へ逃げたい気持ちとの間で、ずいぶん苦しんでいました。自分の祖国が共産主義という既に破綻したイデオロギーに締め付けられ、彼女自身も、もはや我慢の出来ない体制に絶望していました。
彼女は国外旅行に行くたびに、密かにこうしたメッセージを発信していました。彼女の告白を聞きながら、私自身も、そんな彼女を危険な立場に追いやらぬように、彼女の本心を口外することはありませんでした』

彼女にとって、カルダンはアーチストとして自由に暮らせる機会を与えてくれた救世主でもあった。

『私が、これほど長期間にわたって、エスパス・カルダンにおいて、演劇やバレエ、音楽、絵画に対して、なぜ莫大な予算とエネルギーを注ぐのか理解できない人々もいます。そういう人には文化に投資することによって、私が利益を得ていることが分からないのです。

まず、私は手作りのカルチャー・メニューを組み立て、クリエイターたちの世界に身を置いて、個人的な喜びという利益を得ています。この喜びというのはお金に換えられるものではありません。

それから、そうした行為によって、私は世界に二つとない自分のブランド・イメージを作り上げました。私がエスパスで手掛けた数知れない世界の作家たち、俳優たち、音楽家たち、造形美術家たちを通じて、世界中に発信する機会を持つことが出来たのです。

このイメージが世界に広がったおかげで、私は自分のキャリアの中で世界中の素晴らしい人々との出会いの機会も得ることが出来たのです。

インドのインディラ・ガンジー女史、パキスタンのベナジル・ブットー女史、ミハイル・ゴルバチョフ氏、さらに中国や日本の閣僚たち…などにも会えたのです。おかげで、私はしばしば外国で、オートクチュールだけでなく、フランス文化全体を代表する大使クラスの待遇で迎えられるのです。

また、多くの人が、私のような仕立て屋がネクタイ以外のこと、特に知的な世界に関わることをこころよ

く思っていません。それは同業者やファッション・ジャーナリストの間だけでなく、知識人やアーチストたちの間でさえもそうなのです。彼らは自分たちだけが、文化の保護者であると考える傾向にあるのです。

芸術の世界にも、単細胞で自分のことしか考えない商売人のような連中が数多くいます。彼らにとっては、私の展示会場と舞台を要領よく利用しようという魂胆だけなのです。私がそれを見抜けないときには必ずトラブルが起こります。そして、トラブルが起こると、彼らはすぐに私のことを《ケチ》だの、《作品を理解できない》、さらには《無教養》だと非難してくるのです』

カルダンにとって、エスパスはいい意味でのプロパガンダの道具として素晴らしい役目を果たした。同時にカルダンは俳優から演出家、作家、画家、彫刻家や音楽家といった専門家の助けも借りながら、彼自身が企画したプログラムによって、あらゆる芸術表現を展開し、あらゆる人々の才能を眺めることで芸術への渇望を癒し、文字通りの素晴らしい空間で自らの夢を実現することが出来た。

彼が手掛けた企画の選択理由は芸術的、あるいは社交的な意味合いを持っていたが、時には完全に友情によるものもあった。

だが、出来るだけ革新への冒険的意図を重視し、それは現代の人間のあり方を映す鏡であり、同時に明日の人間の息吹を感じさせるものでなくてはならなかった。

第7章 マキシム、あるいは食宴の伝統

Pierre Cardin 1953――

ピエール・カルダンが初めてレストラン《マキシム》に足を踏み入れたのはルーマニア出身のフランス女優エルヴィル・ポペスコに連れられてだった。彼女はテンションが高く、故郷のアクセントもあり、まさしく《下町の女王》といった風情だった。

『エルヴィル・ポペスコはとても愉快で面白い人物で、彼女なら、たとえ電話帳を朗読しても、どんな聴衆でも笑わせることが出来たでしょう！

あれは一九四八年のことでした。まだ青二才だった私は《意地悪者の幸福》という演劇の衣装制作を手掛け

たのですが、そこに出演していたのが彼女だったのです。

彼女は私にとても優しくしてくれ、その有名なレストランへ夕食に誘ってくれたのです。店の豪華な内装を見ただけで、私は胸躍らせていました。

当時、社交界の花形で、とても贅沢な暮らしをしていた彼女は細長い煙管（キセル）を口元から外すと、素晴らしいほど強烈なスラブ訛りでキャビアを注文したのです。その頃の私は、キャビアなるものの存在さえ知りませんでした。なにしろ、田舎から出てきたばかりでしたから。

私はずいぶん塩気の効いて、しかも嫌な匂いの豆粒かと思いましたよ。それでも失礼になるので、最後の一粒まで我慢して食べました。それを彼女は優しく見守ってくれていたのですが、私がキャビアをとても気に入ったと思い、彼女も私をとても気に入ってくれていましたので、さらに大盛りのキャビアをもう一皿注文してくれたのです。あの夜以来、私はキャビアが苦手で…』


無理もない、なにしろ彼はパリに上京して間がなく、その少し前までは同じロワイヤル通りの片隅で空腹を抱えていたのだから。

『エルヴィル・ポペスコは、その頃、私に夢中になっていて、数年後には《私のハートの場所へ！》と指定して、彼女のドレスのひとつに私のイニシャルであるＰＣのサインを入れてくれと言ってきたのです。

私は、そのアイデアを面白がって、それ以来、私の作る衣装にはサインを入れることにしたのです。まさか、それが現代のブランド・ロゴ・ブームになるとは思いもしないでね。中には、そんな行為を《なんて下品だ！》と大騒ぎした人もいましたが、またまた私は時代をひと足先に歩んでいたのです！』

こうして、ピエール・カルダンは世界中を自分のイニシャルで埋め尽くそうという壮大な賭けに熱中することになる。

一九七七年五月のことだった。カルダンはマキシムのオーナーであるマギーとルイ・ヴォダブル夫妻に招待された。

あのキャビアの消化不良事件以来、社交界の一員となっていたカルダンはマキシムにとって大事な常連客の一人にもなっていた。

ヴォダブル夫妻がカルダンを招いたのは、もしも、カルダンがマキシムのオーナーであれば、どのようにレストラン経営に乗り出すかということを聞き出したかったのである。

カルダンは店を売ろうと考えていた老夫婦に《ライセンス契約で事業を大きくし、販売店も持ち、世界中に支店も作りたいですね》と明快に答えた。その夜、カルダンは風邪気味だったので、飲んで風邪を治そうとシャンペンを少々飲み過ぎていたのだが、それが功を奏したのか、さまざまなアイデアが浮かんだ。

それを聞いて、ルイ・ヴォダブルは思い切ったように彼に店の経営譲渡を申し出た。彼らの息子は店を継ぐ意志はなく、老夫婦も困っていたのだ。

帰り道、エリゼ通り、エリゼ宮の前で彼は感慨深く自分の歩んできた成功の道を振り返っていた。当時、一緒に住んでいた姉に、その話をすぐにでもしたくて帰り道を急いだ。姉は他の誰よりも自分の成功を喜んでくれる存在だった。

願ってもいない機会が、銀の盆に乗せられて、また彼の目の前に差し出されたのだ。歴史上に燦然と輝く、その高名な場所を自分のものに出来るとは…。

このレストランの誕生物語は今では神話と言ってもよい。

一八九〇年、ロワイヤル通り三番地にあったアイスクリーム屋、店の主人はイタリア人で名前をイモダと言う。七月十四日、フランス革命記念日、店主はドイツびいきだったのか、店のショーウィンドーにプロイセン（ドイツ）の国旗を飾った。だが、一八七〇年の普仏戦争が、まだ記憶に新しい時代、怒り狂った群衆が押し寄せて、店を襲い破壊し、店主イモダは閉店を余儀なくされてしまった。

一八九三年四月二十三日、カフェのギャルソンをしていた男、マキシム・ガイヤールが、その場所にバーを開店し、マキシム（Maxim's）と名付けた。当時、イングリッシュ・スタイルが流行で、自分の名前を少し英国風に綴ったのだ。

商売がうまくいくと、彼はすぐに小さなレストランを増築した。そして、一ヵ月後の競馬レース《ディアーヌ杯》の日に、このレストランの輝かしい歴史の神話がスタートした。

そのオープンの日に、アルノルド・コンスタッドという当時の若手上流階級を代表する青年が、イルマ・ド・モンティニーというやはり上流階級の美しいお嬢様を連れて、やって来たのだ。

彼らはいつものレストランで予約が取れずにマキシムに初めて立ち寄った。店の雰囲気が気に入った彼らは、後日、たくさんの友人を連れて来ることになり、たちまち店は彼らセレブ仲間たちの溜まり場、メンバー制のクラブのようになってしまった。

こうした上流階級の客たちをつなぎとめるために、店主のマキシム・ガイヤールはウジェーヌ・コルニュッシュという手馴れた支配人を雇うことにする。彼は客扱いがうまく、誰もが自分だけが最高の席を与えてもらう気分になれた。

こうして、バーに客がいなくても、レストランは満席という夜もあるほど、レストランの方が大繁盛した。

一八九五年、店主マキシムの死によって、コルニュッシュが経営権を譲り受ける。店には莫大な借金が残っていたが、返済など気にする必要もなく、店は繁盛し続けた。なにしろ、その債権者リストを見てみると、相手は店の常連客である上流階級ばかりで、サガン皇子、ルピック男爵、モンテスキュー伯爵、ディオン侯爵、ド・レセップ侯爵、モルニ公爵、そして、きっかけとなったアルノル・ド・コンスタッドなどの名前が並んでいたのだから。

一八九九年、マキシムではインテリア・デザイナーのルイ・マルネスに依頼し、店の改装が行われた。翌年に開催されるパリ万博での盛況を見込んだものだった。

ルイ・マルネスは当時の一流の芸術家や職人たちを連れてきた。マジョレル、プルーヴェ、ガレ、ギマールといった自然をモチーフとするアール・ヌーヴォーの巨匠たちである。

彼らはドアや柱や玄関の周りに銅製のツタを配し、天井灯や壁の照明器具などには実のついたマロニエの枝や葉を配した。壁に掲げた絵画には花の咲き乱れる池の傍に佇む水の精、横には笛を吹く牧神、林檎を摘む娘や孔雀が羽根を広げる庭を散策する娘たちが描かれている。

昔、馬車を横付ける中庭の空間だったレストランのメイン・ホールにはステンドグラスが施された。ガラスの数は百八十ほどで、琺瑯《ほうろう》の花や果実やオレンジの葉、そして檸檬の樹などが見事にはめ込まれていた。

ちなみに、この装飾は一九七九年にパリ市の歴史的建造物に指定されている。

上流階級が顧客で、話題の店となると、美しい装飾に加えて、美女たちも集まる。多くの有名なクルティザンヌ（高級娼婦）たちも店を飾った。娼婦といっても、才能に恵まれたエスプリ溢れる当時の有名人でセレブでもある。

アンヌ＝マリー・シャセーニュ、またの名をリアーヌ・ド・プギー。アルマンド・ヴィサック、またの名をカッシヴ。またエミリアンヌ・アンドレ、またの名をエミリアンヌ・ダレンソン。名花たちには貴族風の別名も付いていたほどだ。

店のほうでも、そんな彼女たちへのオマージュとして、デザートの焼きリンゴをポム・ロレットやポム・アンナと称するように、いくつかの料理に彼女たちの名前を付けていた。中でも銀の皿に盛り付けられた《美女（ベル）オテロ》という付け合せ料理は常連である名花、カロリーヌ・オテロの名前に由来する。

彼女は第一次大戦前夜に引退したが、顧客たちの《お手当て》で、その時には五百万フラン相当の財を築いていたといわれる。

《彼女は美徳を空気のように吸い込むが、すぐに息切れしてしまう》と劇作家ジョルジュ・フェドーはパリの名花について言及するが、彼は、そんな彼女たちにインスピレーションを得て、一八九九年、「マキシム亭の御婦人」で当時の店の様子を描いている。

また一九〇五年には、音楽家のフランツ・レハールが、マキシムを舞台にした有名なオペレッタ「メリーウィドウ（陽気な未亡人）」を発表している。

一九〇〇年のパリ万博によって、マキシムの名声は世界中に広がった。勲章を付けた名士たち、ロシアの王侯貴族、南米の金満家たち、ドイツやオランダの男爵たちが燕尾服に身を包み、互いの出会い、あるいは美女との出会いを求めて店にやって来た。彼らが催す宴ではドル紙幣やマルク紙幣などの外貨がとめどなく散財されていた。

やがて、映画や飛行機が誕生すると、そこに新たな常連が加わった。アルベルト＝サントス・デュモンやローラン・ガロス、ルイ・ブレリオといった花形飛行士だけでなく、飛行機や自動車を製造する企業家たちの顔も見られた。アルベール・ド・ディオンやエトーレ・ブガッティ、ミシュラン家のアンドレとエドゥアール兄弟、さらにアンドレ・シトロエンやルイ・ルノーといった面々である。

女優のサラ・ベルナールやレジャーヌ、テノール歌手のエンリコ・カルーゾ、シャンソン歌手のダミアやフレエル、ミスタンゲットといった当時の人気者アーチストたちが集い、その隣ではエリートクラスのエンジニア、ビジネスマン、政治家たちが嬉々として食事をしていた。そうした光景が、第一次大戦の始まる一九一四年ごろまで続いた。

一九〇七年にウジェーヌ・コルニュッシュはレストランをイギリス人に売ってしまっていたが、第一次大戦後、衰退期を過ごし、一九三一年には経営していたイギリスの会社が所有していた株をルイ・ヴォダブルの父親にあたるオクターヴ・ヴォダブルに売った。

オクターヴは《支配人のプリンス》、または《プリンスの支配人》と呼ばれた強力なスタッフ、アルベールを連れてきた。彼の采配によって、マキシムはたちまち昔の栄光を取り戻したのだ。彼が手掛けたのは完璧な正装を客に求めて、顧客を厳選するというシステムである。特に金曜日は《盛装の日》であった。しかも、まるで友人の家に招かれているように、注文を取ることなく、彼が決めたメニューを提供していた。

今も《アルベール風舌平目》として、マキシムのメニューにアルベールの名前が残っている。アルベールは一九五九年に世を去っているので、現場に立ち会うことは出来なかったが、その十数年後には彼が決めたドレスコード・システムに重大事件が起きた。

世界のアイドルであり大スターだったブリジット・バルドーが裸足で、まるで海水浴に行くような格好で、夫であり大富豪のプレイボーイであるギュンター・サックスに連れられて店にやってきたのである。アルベールが生きていたならば、BB（べべ）と呼ばれた国民的スターに《彼》の舌平目を果たして断りきることが出来たかどうか…今では永遠の謎になってしまった。

そして、一九四六年にルイ・ヴォダブルが父オクターヴの跡を継いだ。ずいぶん前から、ピエール・カルダンは絢爛豪華な人物が徘徊したこのレストランの華麗なる歴史に魅せられていた。エレガンスの代名詞のように世界中に名を知られた、このレストランに彼が興味を示さぬわけはなかった。

ヴォダブル夫妻の申し出に、風邪熱による興奮とアルコールの酔いも作用して、彼は嬉々としてさまざまなプランを提案した。マキシムを高級ブランドとして売り出すこと、高級食品だけに限らず、花や食器やインテリア用品に至るまでの開発プランを語った。彼のエネルギッシュな説得を聞いて、ヴォダブル夫妻は正式に共同経営を願い出た。

一九七七年九月、彼らは契約にサインした。内容はピエール・カルダンがブランド部門を管理し、マキシムのレストラン売却に際してはカルダンが買取のファースト・オプション（優先権）を持つというものだった。

数年後に、カルダンはライセンス契約を驚異的な数に伸ばし、マキシムのブランドを世界中に広めた。フォアグラからシャンパン、テーブル・ナプキンからテーブル・デコレーションのさまざまな小物類に至るまで、何百というアイテムが生れていた。

そのビジネスとしての成功は新聞、雑誌などにも、カルダンの名前とともに大きく取り上げられた。しかし、ヴォダブル夫妻としては、自分たちの名前が霞んでしまい、自分たちは《蚊帳の外》に置かれたように感じて、カルダンの成功に嫉妬するようにもなってしまった。

ある日のこと、カルダンは弁護士から内密な話として、ヴォダブル夫妻がサウジアラビアの企業にレストラン売却の話を持ち込み、既に具体化していると聞かされた。カルダンは驚きとともに怒り、売却の際の優先権を主張して訴訟の準備までした。ヴォダブル夫妻は契約に従うしかなかった。

こうして、イギリス人が持っていた株も買占め、カルダンはすべての株を所有し、世界に冠たるマキシムの完全なオーナーとしての地位を確保したのである。三十六年前、その店の前で寒さに震え、空腹を抱えていた一人の男が…。

アメリカの経済誌《フォーブス》は、その買取騒動を次のように報じた。

《一九八一年、カルダンはルイ・ヴォダブルより、二千万ドルで一八九三年創業の三ツ星レストラン、マキシム・ド・パリを買い取った。

そのレストランでは、昔、エドワード八世とシンプソン夫人の密会があり、現在では日本人観光客が集まり、記念写真を撮り、バイオリンの音色と共に、三十五ドルのアスパラを口にする。ここでワイン一本を注文し、普通に食事すると一人二百ドルはかかる。

スタッフは百五十人いて、マキシム・ド・パリでの純利益は年間八百万ドルに達する売り上げの六パーセントにしか過ぎない。

この数字では買取額に値しないのだが、契約にはマキシムと言う世界に冠たる商標権も含まれているのだ。そして、その名前をブランドとして使用する術を知っている人物はピエール・カルダンの他にはいない》

カルダンにとって、マキシムは世界中の厳選された顧客を贅を尽くした雰囲気で迎える食宴の場であった。

カルダンはパリのレストランの伝統を守りながら、夢に包まれ、パリのイメージとなった店の名前を使い、世界各地にレストラン、ホテル、ブティックを作ろうとしていた。だが、世界の主な都市に支店を広げる前に、まずマキシムの名前を名実共に《最高級》ブランドとして確立することが先決だった。

『私が新しいオーナーとして店に現れたとき、支配人をしていたロジェ・ヴィアールの私に対するちょっとした軽蔑の表情を見逃しませんでした。

彼は《ネクタイ屋》ごときが、金にモノを言わせて世界で最も有名なレストランを買い取っても、そうは簡単にいくものかと内心で思っていたのです。

私はそんなことには気付かぬ素振りで、至急、キッチンの改装を言い渡したのです。なにしろ、それまでキッチンは地下にあり、上がり降りする料理人たちには大変な負担となっていたのです。さらに床は舗装もされておらず土が剥き出しになっていました。私は店をモダンにする第一歩はまず従業員の要望を生かすことにあると考えていたのです。

さらに、私は私なりの《ポ・ト・フー》の作り方を説明しました。それはマルセル・エスコフィエから伝授されたレシピだったのです。彼は俳優でしたが、祖父は歴史に残るほど有名な料理人のオーギュスト・エスコフィエなのです。

まず、七種類の野菜を七つの鍋を使って、別々に煮ます。それぞれの野菜にそれぞれ最適の煮加減がありますからね。しかも、こうすれば野菜の本来の味が混ざらないのです。それから肉を煮るのですが、この時には七つの煮汁を混ぜて使います。それが肉と混ざって独特の風味を醸しだすのですよ。

私の話を聞いて、ヴィアールの私への態度が変わりました。私が単なる企業家ではなく、同時に洗練されたセンスを持つグルメであり、私が料理界のオートクチュールを目指していると分ったからです。それから、私は前からふさわしくないと思っていた店の入り口と三階にあるサロンの改装を決めました。階段の位置を変えて、古い資料を参考にして、あちらこちらをすべて一九〇〇年代風に変えたのです。改装工事中、店を閉めることはありませんでした。とても厄介な作業でしたよ』

これだけの高級レストランが生き残るための手段は彼が手掛けてきたオートクチュールの生き残り術と同じことであった。つまり、プレタポルテとブランド商法によるさまざまな付随物の利益で維持する方法だ。レストランにしても、同じく多角経営のやり方しかなかった。

カルダンのブランド戦略を、今度はそれをマキシムで実行するだけだ。例え、《多角化の結果、ピエール・カルダンの名前がトイレのビデにも使われて、高級感が損なわれた》という批判に晒されようとも。

『私がブランド・アイテムをあらゆるジャンルに分散させたのは、成り行き次第でそうなったのではないのです。ちゃんとした論理的戦略がありました。

私の創造のリズムと野心は最初は誰にでも受け入れてもらえるものではありません。ですから、いつも資金

の問題を抱えていたのです。何もない私はまず自分の名前を商品化することを考えたのです。いくら質の良いものを作っても、無名では売れませんからね。例えば、有名でない銘柄のタバコを誰が買いますか。それを正攻法で売るためには、多くの営業マンを抱えて、多額の資金を必要とします。でも、有名になった名前さえあれば、大きな市場に進出できるのです。有名ブランドとは国際市場の扉を開けてくれる呪文《開けゴマ》のようなものです』

何年もの時間をかけて、カルダンは、ありとあらゆる業者に《ピエール・カルダン》の名前を冠する商品を開発させることによって、世界の消費者を対象とするカルダン・グループを構築したのだ。

素材と色のチョイスから形状のコンセプトに至るまで、彼の美的センスをコントロールするのは並大抵のことではない。彼が重要視したのはそれぞれのアイテムが本来の用途を失わないことである。技術と美的センスが合致しなくてはならない。カルダン・ブランドはオリジナリティとクォリティが保障されたものだった。

以来、ピエール・カルダン・ブランドは最も強力なブランドのひとつに成長し、百カ国以上の国々で、百以上のライセンス商品として展開された。

本部のクリエーション・スタジオは《オートクチュールとデザイン》のアイデア研究所であり、毎年、何万というデザイン画から型紙、試作品、見本品などが生み出されていた。

絨毯やカーペット、壁紙や壁布からカバー生地、カーテン、掛け布団、シーツ、テーブルナプキンなどの紙や布製品に加えて、キッチン・ユニット、浴室、照明器具、音響ステレオ機器、鏡から陶器、瀬戸物、ガラス用品からクッションに至る生活用品まで、さらにはゴムボートや自転車、時計、めがね、レコード・ジャケット、香水のボトルなどありとあらゆるパッケージ商品などが生み出された。

カルダンはこれと同じ手法をマキシム・ブランドで展開しようと考えていたのだ。

彼のレストラン買収は一九八一年の社会党政権誕生と重なった。このときから、この贅沢と資本主義のシンボルとも言えるレストランにやって来る大臣級の政治家たちは激減した。こうした人々を呼び戻すための方法を考えなくてはならない。

カルダンはイベント制作の関係者に連絡して、高級感のあるビッグ・イベントの開催を呼びかけた。そのひとつがフランコ・ゼフィレッリ監督、テレサ・ストラータスとプラシド・ドミンゴ出演の映画「トラヴィアータ（椿姫）」の発表会だった。

出席者には後にフランス初の女性首相となるエディット・クレソン、元首相のモーリス・クーヴ・ド・ミュルヴィル、後に欧州議会議長を勤める女性政治家のシモーヌ・ヴェイユ、レイモン・バール元首相夫人、そして文化相のジャック・ラングなどが顔を揃えていた。

その夜には、こうした政治家たちがみんなマキシムで食事をすることになっていた。だが、文化相のジャック・ラングはこれみよがしに食事会には残らず店から出て行ってしまった。顔をつぶされた形のピエール・カルダンは、全員が席に揃ったところ、シャンパンを手に声高らかに乾杯スピーチでこう訴えた。

《マキシムは長い歴史を通じて、常にフランスの生活文化の殿堂であり、例え、閉店の危機に瀕しているという噂が出るとしても、心配するに値しない、というのもマキシムはいまやエッフェル塔同様に歴史的建造物であり、マキシム閉店などとは、大統領が誰であっても、決して宣言できるものではない》

さらに《もしも、そのようなことが行われるのであれば、それは政府が我々市民の夢である贅沢を禁じる行為に他ならないとメディアを通じて訴える》と付け加えた。

一九八三年五月七日深夜には何ものかの手によって、火炎瓶のようなものが店先に投げられた。被害は軽いものであったが、贅沢のシンボルとしてのレストランについて、カルダンと意見を異にする市民も存在するのは事実だった。世界危機が叫ばれるごとに、富の象徴として、このレストランが標的となる…。

富の象徴といえば、クリスティーナ・オナシスがティエリー・ルーセルとの結婚パーティにマキシムを選んだ。

クリスティーナの父親は、あの大富豪アリストテレス・オナシスであり、かつては、この店で歌姫マリア・カラスと、浪費癖に悩まされた妻、ジャクリーヌ・オナシスを交互に連れて来店していたこともあった。

クリスティーナの結婚パーティでは、レストラン全体がチューリップと白い蘭の花で飾り立てられた。百二十人の招待客が口にしたメニューは、トリュフのソース付きのカニやエビのパイ包み、バジリコ風味の子羊肉、そしてフランボワーズのアイス・スフレ。オーケストラの演奏と共に宴会は午前二時まで続き、四十人もの仏頂面の護衛付きで、新婦は裸足になってシルタキ・ダンスを踊っていた。翌日、共産党系の新聞《ユマニテ》紙は大衆の嫉妬を煽るように次のように書きたてた。

《結婚式には海運業者や貴族たちや企業家たちなど百人ほどが招待された。外ではガードマンたちが、防弾装備で濃紺の自動車、莫大な遺産を相続した花嫁のメルセデスの傍に待機していた。

教会の出口で、ガードマンの一人がカメラマンのミッシェル・アルトー氏の鼻をへし折る騒動まで起こった。

ガードマンも金で買われた自らの実績を見せようと過剰防衛になったのだろうが、他の招待客たちが、その後、マキシムで食事をしている間、哀れなアルトー氏は運ばれた病院での夕食となった》

数年後、この億万長者の娘クリスティーナは夫婦生活の破綻で衰弱しながらも、この思い出の場所で《反離婚》をテーマにした夕食会を開催した。夫婦の危機を追い払うかのように、彼女は自分と同じく夫婦仲の危機を抱えたカップルを三十組ほど招待したのだが、それは、まるで離婚という不幸から逃れる《悪魔祓い》の儀式のようでもあった。

マキシムで開催される華麗なるさまざまな夕食会は次から次へと繰り広げられた。ピエール・カルダンは、それらのどの祝いの席にも自ら顔を出していた。

その中でも、特に彼が喜んだのは国際麻薬撲滅運動へのチャリティとして行われたレックス劇場でのフリオ・イグレシアス公演が終わった後に催された夕食会だった。

当時、イグレシアスは大変な人気で、アメリカ公演を控えていたが、そのプロモーションも兼ねて、ハーパーズ・バザール誌が多くの特別ゲストたちが参加する会場の様子を写真撮影していた。

リヒテンシュタイン公国の王女で女優のイラ・フルステンベルグ、女優のアヌーク・エイメ、著名な美術コレクターで女優のジャクリーヌ・ドゥリュバック、女優のナビラ・カショギ、男優のアントニー・ドロン、オルレアン公爵、そしてホーヘンローエ皇子…といったセレブたちである。

セレブたちのレストランという知名度によって、一九八五年の十月には、既に十四年と二ヶ月先の予約までがテーブル指定で入っていた。もちろん、一九九九年十二月三十一日に、ここで二十一世紀を迎えようとする客である。

しかし、あるクリスマスイブの夜には驚くべき光景が見られた。

サウジアラビア人の顧客で十二人用のテーブルが予約された。そして、食事中、彼らの席の横にはアタッシュケースを手にした二人のガードマンが立っていた。贅沢な晩餐会が終わるころ、既に夜明け近くになっていたが、彼らは店にまだ残っていた他の客たちと、店のスタッフたちを彼らのテーブルの周りに集まるように呼びかけた。そこで持って来ていたアタッシュケースを次々と開けた…。全員、武器でも出てくるのかと身構えたが、その中にあったのは札束や宝石付きの腕時計や、ダイヤモンドやエメラルドなど宝石の数々で、なんと…それらを周りに集まった人々全員に配り始めたのである…その夜、サンタクロースがイスラムの長老に扮装していたに違いない…。

『オートクチュール界のイベントや食事会なども喜んで受けていましたが、不幸なことにそれほど数は多くありませんでした。

一九八六年一月に、死去したばかりのピエール・バルマンの記念回顧展が後継者であるエリック・モルテンセンによってガリエラ美術館で開かれたのです。その後、マキシムで開催を祝うパーティがありました。女優エドウィジュ・フィエールが思い出などをスピーチしているときに、私も、その昔、青春時代にアネシーでの彼との出会いなどを思い出しました。まだ二人とも若くて、占領中にもかかわらずパリに行くことを夢見ていました。自分たちの《自由》という理想を服飾で表現するために…。

その晩はユベール・ド・ジバンシー、アンドレ・クレージュ、ルイ・フェローといったデザイナーが一堂に顔を揃えました』

多くの著名人がエレガントな場としてマキシムに集まった。そこでの食事会は他の場所ではありえない要素を備えていたからだが、特にサービスの質には定評があった。客のあらゆる要望に応えるだけでなく、それぞれの客の心理にまで精通し、顧客に関する情報は秘密厳守で、客と支配人の間には固い信頼関係があった。

例えば、予約されたテーブルの隣には誰が座るのかといったところまで、支配人の細かな気配りが重要となる。そうした積み重ねがレストランの雰囲気を作っていたのだ。メニューの重要なポイントであるワインの選択にもこうした配慮が生かされる。昼食にしろ夕食にしろ、ここでの食事は洗礼のミサのように重要なものである。ミサの内容は皿に乗せられて来るメニューの数々。

マキシムが生んだ有名なムール貝のポタージュ《ビリー・バイ》、キャビア添えのウズラ卵、仔鴨のロースト・ピーチ添え、サフラン風味の帆立貝、胡瓜を添えたブレス産のチキン、香辛料を絡ませた牛ステーキ、子羊とフォアグラのトリュフ・ソース仕立て、グラン・マルニエ酒のスフレ、《陽気な未亡人》風クレープ…などがある。

不幸なことに、誰もがこうした特別メニューを口にすることが出来るわけではない。富の象徴に対して、人は時として攻撃的になり、厄介な社会問題を引き起こすことにもなる。

ある日、若い失業者たちが店に乱入し、《心のレストラン》というボランティア運動と同じように、自分たちにも、ここで食事をさせろと要求したのである。

その朝、共産党系の新聞《ユマニテ》では元大統領のジスカール・デスタンの債務負担に関して厳しく追及していた。《政府は飽食の政治家たちに大金をつぎ込んでいる！》と…。乱入した若者たちは手に食料を入れる籠を持ち、社会告発の演説をぶった後、《数十億フランの内のわずかで、失業者が御馳走を食べられる！》というスローガンを書いた横断幕を路上に残して立ち去った。

『私は彼らに言ってやりたかったですよ、私自身はセルフ・メイド・マンで自らの手で人生を築き上げてきた人間だとね。ゼロからのスタートですよ。最初は移民として、それからは戦争の子供として、我慢と苦労ばかりの生活でした。やる気と努力の結果で、私は全世界に君臨する自らの帝国を築いたのです。だからこそ、今、私は有名なレストランで飲み食いし、最高級ホテルに泊まり、高級ブティックで衣服を買えるようになったのです』

ヴォダブル夫妻が、既に買収前に多少なりとも手掛けていた企画についてもカルダンは継続し、さらに発展させた。

一九五九年、妻のマギーはテーブル・アートとして美術館巡りや文化見学会も含めての料理とワイン講座を開いていた。

ピエール・カルダンはマキシムのエスプリを世界に発信しようと、この講座に世界中から生徒を集め、英語による授業も開講した。卒業の際には記念として、プロとしての資格書も授与することにした。

一九六八年には夫のルイがマキシム・ビジネス・クラブ（ＭＢＣ）を設立させ、ランチの時間を通じてビジネスマンに交流の場を提供していた。

一九八三年末、ＭＢＣはピエール・カルダンの努力によって千人以上のグループに拡大し、メンバーのほとんどが四五歳未満で、金融、広告業界、高級品販売、または自由業だった。

メンバーはランチ討論会や企業見学会を開いたり、また勉強と交流を目的として、アフガニスタン、イエメン、またはアラブ首長国連邦への旅行なども企画した。こうした中で、メンバー間での出会いがいくつかの重要な契約に繋がることもあった。

入会したメンバーたちは映画やコンサートのオープニング・イベントに招待され、競馬のディアーヌ杯をはじめとして、年間を通じて、セレブの仲間入りが出来るシャンティイ競馬場での催し物にも招待を受ける特典もあり、ビジネスだけでなく社会的な幅広いエスプリを養うことが出来た。

ピエール・カルダンは一九八二年にはブリュッセルとシンガポールに、一九八三年にはロンドン、リオデジャネイロ、北京に、一九八五年にはニューヨークに、さらに年を追うごとに東京、メキシコ、モンテカルロ、ジュネーヴと世界各地にマキシムのレストランを広げた。

外国での店もパリ本店の雰囲気と形式とエスプリをきちんと踏襲させた。各地で使うレストランの備品も鋳造で型を取り、絵画もレプリカを作り、銅製品に至るまで海外の熟練職人に再現させた。例えば椅子類などはトルコで作らせ、木工製品はフィリピンに発注し、絨毯はスコットランド、銅製品は中国で作らせた。彼の経営戦略は、まだ、そんな言葉すらない時代だったが、まさしく《グローバリゼーション》のパイオニアといえるだろう。

マキシムのブランド経営はピエール・カルダンのブランド経営とまったく同じ戦いだった。マキシムの名前で何千もの商品が流通したが、同時に世界中に何千人ものスタッフを抱えなくてはならなかった。


『私にとって、ブランドのライセンス・システムに制限はありませんでした。

私自身が驚いたのはマキシム・ブランドのイワシの缶詰までが登場したのです。意地悪な人たちはジェラシーも手伝って、これ幸いに私のことを食料品屋呼ばわりしました。今まで私はずっとネクタイ屋呼ばわりされていたのですがね！

私は食べ物に関わったからといって、下品だと軽蔑する気持ちが分りません。私は戦争の子供です。あの時代はいつも空腹を抱えて、イワシの匂いだって、どんな香水よりもいい香りでしたよ！

どうして香水業者が上品で、イワシを売れば下品と言われるのでしょうか。そんな考えをする社会こそ、変

えなくてはならないのですよ。私はこういう考え方をすることによって、地球規模の事業を手掛けられる人間になれたと思っています』

ファッションも、デザインも、スペクタクルの世界も、食料品の世界も、彼にとっては深い人間性に携わる事業だった。それは民主主義という思想を広めることにも匹敵することで、人類に幸福をもたらす唯一の可能性と言ってもよいだろう。

同時に彼は、そうしたさまざまの商品を通じて消費者とセンスや味覚を共有する共同体作りを楽しんでいた。それは違いを乗り越えて、全世界の人間がひとつになれるということなのだ。

『世界中のマキシムは素晴らしい食宴を通じて、私に世界の素晴らしい人々との出会いをもたらせてくれました。私にとって、食事という楽しいひと時は真面目さと、生きる喜びが重なる宗教行事のようなものなのです。食宴には、まず、セレモニーともいえる大きなコンセプトや理由があります。そして、それを飾るディテールが喜びなのです。

まず盛装してスペクタクルに出かけ、晩餐会を開き、そこで、同じエスプリを共有しながら、他の人々とのコミュニケーションを楽しむ…そうした食宴をマキシムという《わが家》で繰り広げることが出来るのですから、これはなんて素晴らしい事業でしょう』

第8章
地球制覇

Pierre Cardin 1953——

『ある晩、私は中国でボタンを作っている夢を見たのです。目が覚めて、私はひらめいたのです。中国でボタン工場を作れば大儲けできるに違いないと。

というのも、一人の人間が年間に自分の持ち服に必要とするボタンの数は大体三十個です。ワイシャツから上着やコートなどがありますからね。十億の人間がいる中国では三百億のボタンを作ることになります。ボタンひとつで一フランの利益が出るとしたら、すぐに私は大金持ちになれるはずですよ！

私は自分のこのアイデアをフランスの三つのボタン製造会社に持ちかけましたが、彼らはこの冒険に協力することを断ってきました。中国では政治的に不測の事態が起こりかねないと判断されたからです』

彼と同郷であるヴェニス出身の商人で旅行者のマルコ・ポーロは、既に何世紀も前に中国に行って成功している。カルダンはマルコ・ポーロの生まれ変わりに違いない…。

『私は地球を活動の舞台としている冒険家です。今では外国市場への進出は企業にとって当たり前のことですが、これに関しても私は少々、先を進んでいたのです』

中国で富を得る…という彼が見た奇妙な夢は後に、ふとしたきっかけから、さらに大きなシナリオとなり実現する。

『私は大地に根ざした農家の息子です。ですから、あらゆる機会を逃さない自然の本能のようなものを持っています。私の祖先は季節ごとに天気の具合で、種蒔きや収穫の時期を決めていたのですからね。今、思うと、私はこの生来の習性と訪れるチャンスに恵まれていたのです』

彼がパリ見本市を訪れたときのこと、中国のスタンドに飾ってあった万里の長城の大きな絨毯の美しさに心奪われた。

彼は是非とも買い取りたいと執拗に交渉したが、スタンドの責任者は《売り物じゃございませんから》

と頑なに拒んだ。

カルダンが、その絨毯にこだわったのも、潜在意識でビジネスマンとしての直感があったに違いない。中国という巨大な市場に、誰よりも先に乗り込まねばならないと感じていたのだ。面積を見ても、ロシア、カナダ、アメリカに次ぐ大きさだ。しかも、人口の数では中国だけで世界の人口の四分の一を占める大国である。

粘り強く交渉を続けた結果、カルダン持ち前の人柄のよさに負けたのか、展示が終わると、相手も根負けして、その絨毯を売ってくれることになった。

カルダンはこの好機を見逃さなかった。さらに同じシリーズの絨毯を追加注文し、出来具合の確認のため数ヵ月後には現地へ赴くことまで約束したのだ。もちろん、建前は単なる買い付け客としての訪中である。


『一九七八年、私は初めて中国を訪れました。無論、内心では中国市場への進出を考えていたのですが。私のような資本主義社会の人間と共産主義社会の人間には、どのような違いがあるかという好奇心がありました。北京の空港に着くと、そこで偶然、外務大臣を見送りに来ていたフランス大使と出会ったのです。彼は私を見ると驚いて、たぶん、よかれと思って私にある忠告をしてくれたのです。

《中国でのビジネスをお考えなのですか？　もし、そうなら、この国で資本主義者は歓迎されませんよ。ここ

でワイシャツやネクタイを売ろうなんてとんでもないことですよ！　ここの国民はおしゃれなんかに関心はないですからね》
私はいつも知ったかぶりの専門家の意見など聞かないようにしていました。私は自分の直感だけを信じて生きてきましたから。今では、そのことを誇りにしています。今まで、私が回りの忠告に左右されていたら、現在の私など存在もしないですからね。
こうした消極主義というか、保守的な考え方というのは、残念なことに政治経済界では結構多く見受けられますが、私自身は内心、そんな忠告を笑って流してしまいます。そのときも、私は大使に、《発注した絨毯の出来具合をチェックしに来ただけですよ》と軽く答えました』

中国というと、一八一六年のナポレオンの言葉とされている有名なフレーズを思い起こす。《中国は眠らせておくほうがよい。というのも、中国が目覚めると、世界中が震えあがるだろう》

その言葉は、その後も、漠然とした不安と共に、常に世に警告されて来た。一九世紀には《黄禍論》が叫ばれ、今、再び中国製のTシャツが溢れる形となって息を吹き返している。

そうした考え方は自分たちのことしか考えない、自国に閉じこもる恥ずべきものとカルダンは考えていた。彼はもっと大局的な見方をして、逆に同じ人間として、もっと他者との交流をはかるべきだと考えている。

『私には中国が今世紀を通じて、さらに開放に向かい続けることは分っていました。その旅行中でも、私は数々のコンタクトを容易に得ることが出来ましたが、いつか、それらが役に立つと強く感じました』

港湾都市でもあり、テキスタイル産業の中心でもある天津は北京の南、数百キロにある。そのテキスタイル工場でカルダンは注文した幾枚もの絨毯を見た。縦四メートル、横八メートルもある大きな絨毯のそれぞれの上部には彼の名前が、中国文字でまるで中国皇帝の名の如く縫い込まれていた。

そんな中国側の歓待に意を強くして、カルダンは中国側の責任者たちに、中国製の絹地を使って、ピエール・カルダン・ブランドの商品を西側諸国に向けて輸出する初の共同プロジェクトの提案をした。出来れば、プロジェクトの実現前に、ファッションショーを開催して、そのショーに中国人モデルを使いたいと話したが、その頃の中国にはモデルという職業も存在しないということだった。

『しばらくして、彼らは方々、手を尽くし、何とか一人の若い女性をモデル第一号として連れてきました。ひと目見ただけで、モデルとしては少し太りすぎているように思えましたが、とりあえず、私は通訳を介して、私のことをお医者さんだと思って、恥ずかしがらずに、着ているものを脱いでみてくれませんか？と頼んだのです。

彼女は防寒用に着ていた何枚ものセーターを次々と脱ぎ始めたのですが、最後にはなんと、骸骨のように痩

せた体が現れたのです！』

そのファッションショーは小さな劇場で行われた。

ショーが終わると、拍手は鳴り止まず、幹部の人々は興奮した面持ちで、彼の提案を受け入れ、この共同事業に必要な十分な中国シルクを手配する決断をした。

さらに、彼が中国に滞在中に、北京や天津だけでなく、さらに数百キロ南に下った上海や、杭州など各地にある工場見学が出来るように手配した。

工場の多くは古びてはいたが、数ヘクタールの広大な土地に建てられていた。どこにも五千人から一万人ほどの労働者がいて、効率的で手際よく働いていた。そこで生産される絹地や中国縮緬のプリント地は質も高く、しかも、あらゆる競争相手に負けない価格だった。

この実りの多い旅行を通じて、中国の国家としての発展と、今後の絶え間なく力強い輸出産業の発展を彼は確信していた。その確信は誰よりも三十年ほど早く、現地に足を運んだからこそ得られたものだった。さらに、世界の未来は日の出る東方にあり、西洋では、もはや新しいことは何も起こらないとも確信した。

こうした事態への対処法は加速する中国の発展を牽制するのではなく、むしろ中国の持たざるものを提供し、協力し合っていくことだ。ヨーロッパのファッションを中国で生産することも、そのひとつである。

彼のブランドにとって重要なことは海外での利益によって、パリのクリエイティブ部門の莫大な出費をカバーすることだった。

『私は生地の提供の見返りにロイヤリティを支払う契約を政府の繊維産業部門に提案しました。また、中国に技術提供として指導スタッフを送り、アトリエを開き、さらにパリで労働者の指導もしたかったのです』

フランスに帰国すると、既にニュースは伝わっていて、フィガロ紙は第一報を次のように書きたてていた。

《まだ数か月前までは想像することも出来ないことだったが、ピエール・カルダンが北京にて、急遽、ファッションショーを行った。

まさしく、フランスのファッション界の中国における快挙といってもよい出来事だろう。

デザイナー本人はもちろん、中国政府の繊維担当幹部が見守る中、人民労働者の若者たちがモデルとなって、初めて西洋のオートクチュールを身につけたのである。

紹介された衣服は毛沢東スタイルの人民服とはまったく異なり、今後、彼ら自身の持ち服に加えられることになるだろう。

パリで考案されたデザインを基に、中国で製造される衣服は当初、太平洋地域の国々への輸出向きとなるが、やがてはヨーロッパ諸国にも向けられる》

カルダンの描いたプロジェクトでは、メイド・イン・チャイナのカルダン製品の八〇％は輸出用で、二〇％が国内向きだった。輸出用と国内使用分を明確に分けることで体型の違いの問題を回避できる。なにしろ、中国女性はショーに出たモデルたちのように背も低く、細い体型をしているからだ。

しかし、この人民服の国ではすべてが変化している。変化の兆しはタイトなカットのズボンからだろう。

新聞紙上ではカルダン・スタイルの襟が、毛沢東スタイルの襟に取って代わると書きたてたが、そもそも毛沢東風の襟をフランスや世界に流行させたのが、カルダンだった！

中国は変化の時代を迎えざるを得ないとカルダンは考えていた。世界の未来は豊かさと自由に向かっているのであって、毛沢東によってもたらされた貧困と専制主義とは大きくかけ離れた方向なのだから。

一九七六年九月、毛沢東の死によって二十世紀最大の独裁体制に終止符が打たれた。ソ連邦を真似た農業集産主義の失敗に直面し、中国人は空腹に苦しんでいただけでなく、希望もなくしていた。と言うのも、当初は社会主義路線によって国家が発展した時代もあり、希望に燃えた時期もあったからだ。同時に、それまでは屈辱の時代でもあった。

毛沢東主義は肉体を支配するだけでなく、精神をも支配していて、長い間、国民全体が軍隊での生活のように扱われていた。

一九七八年になり、やっと、新たな指導者である鄧小平の声で体制が変わった。彼は、まず最大の問題であった経済改革を共産党支配の枠組みの中で、実用主義と分権化を取り入れて段階的に解消することから始めた。

改革・開放の号令のもとに、近代国家への必然として経済市場原理と資本主義が取り入れられた。それは長い間、中国人民の望んでいたことでもある。

それから、四半世紀たった今、近代国家の建設が現実のものとなっている。国家の重要な発展方向は党体制が支配しているにしても、消費文化は確実に中国、特に都市部において驚異的に浸透している。

今では誰もが知っているように、中国では消費革命といわれる状況がさまざまな形で現れている。住宅投資に家屋の改築、一人っ子の子供への教育と甘やかしに向けた出費、ブランドの香水、衣服、そしてアクセサリーなどの贅沢品への欲望、レストランなどでの外食産業、ディスコから旅行ブーム…。

こうした消費動向に中国政府はネガティブではなく、革命思想の衰弱にしたがって、こうした経済の反映が政府の正当性を支えるものとして、逆に、奨励さえしている。

中国人の間に最近、派生した消費への情熱と解放感とは毛沢東主義時代に経験した困窮の反動である。

一九四九年の中国革命以来、三十年間は計画的な管理生産のもとに都市部では配給制のチケットによる消費システムだった。住宅にしても自由に選ぶことは出来ず、職場での勤続年数によって与えられるもので、党本部に申請し、党の意向と合致しなくては決定が下されなかった。

ピエール・カルダンが中国に手際よく進出できたのは、毛沢東時代の恐怖から逃れるように、中国社会が激変する時代の狭間にあったことが大きい。

カルダンは次の行動に出た。北京の競技場を舞台に、本格的なショー開催が許可されたのだ。この願ってもいない機会を利用して、カルダンは党幹部の解放への最後のためらいを一掃しようと考えていた。一九七九年、二五人の男女のモデルを手配したが、彼らの本業は工場の労働者であったり、事務員であったり、店員であった。そのモデルたちが一万五千人の観客の前で、ファッション・ショーを繰り広げたのだ。

それは西側社会に対して大きな衝撃となった。なにしろ、厳しかった毛沢東時代から抜け出した社会主義の中国が、資本主義のシンボルと思われていたファッションと、平和的共存できることを実証した事件であったのだから…。

確かに、大きく開いた胸元を見せるデコルテや、体にぴったりとしたタイトスカートや、太腿を露わにする大きなスリットがためらいもなく観衆の面前に披露されると、ネオ・スターリン様式の競技場の階段席からは《おお!》という驚きと衝撃のどよめきが起こった。この大胆なショーを目にした観衆には、このときばかりは国家が直面する政治や経済問題もはるか遠くに霞んでいた。

中国のメディアではこのショーに関して、比較的、おとなしい報道が多かったが、《中国青年報》紙は風刺漫画付きで報道した。

そこには西洋式におしゃれをした二人の若い男女が、それぞれの手に雑誌を持った光景が描かれていた。一人は《外国のファッション》、もう一人は《外国のヘアスタイル》というタイトルの本である。その横に人民服姿の労働者が《外国の技術百科事典》という本を持っている姿が描かれ、男は若者にこう怒鳴りつけている。《お若いの！　外国のことを勉強するのが大事だよ！》

この激動の中国社会での最初の自由を求めるデモンストレーションが、ファッションを通じて行われるなどというのは、いったい誰が予想できたであろうか？

万事順調の、この道のりを彼はさらに突き進んだ。新たに数日後には上海でショーを仕掛けたのである。

そこでは一万二千人ぐらいの熱狂的な観衆がいて、共産党幹部のお偉方は少々、当惑していた様子だった。

その直後、彼はパリでのショーに何人かの中国女性をモデルとして参加させた。その時、最初に障害となったのは彼女たちを国外に出すための許可を取ることだった。カルダンは手早く必要書類を調え、特例措置を願い出たところ、二週間という異例の早さで許可が下りた。というのも、交通費から宿泊代はもちろんのこと、あらゆる経費を彼の負担にして、ありとあらゆる無理難題も受け入れたからだ。

パリでのファッション・ショーでは呼び寄せた中国人モデルをハイライトシーンに登場させて、業界紙の話題をさらった。

チェン・リー嬢にはふっくらとしたプリーツのサテン地の婚約ドレス、シェン・カイ嬢には羽飾りのボアをまとったウエディングドレス、華奢なウーユ・リー嬢にはクレープ地プリーツの妊婦用ドレスを着せた。ヘアとメイクは西洋スタイルで美容ブランドのカリタが手掛けた。

こうした現代中国の女性像は熱い喝采で迎えられ、会場を魅了し、出席していた中国大使も終始ご機嫌であった。

次にカルダンが北京を訪れたときには、鄧小平自身から空港に迎えの車が手配され、ピエール・カルダンは大胆な賭けに成功した、その大きさを理解した。

彼に密着取材しようとついてきた欧米のジャーナリストたちは、その歓迎ぶりを次のように世界に向けて書きたてた。《ピエール・カルダンは難攻不落の万里の長城を突破した！》、《ピエール・カルダンは中国に大きな変化をもたらせた！》、さらに…

《ピエール・カルダンは中国に進出した初めての欧米のデザイナーであり、北京のアーチストや上海の建築家などを魅了した。

彼らは十年間に渡る文化革命の影響で、まだタブーに縛られていたのだ。

カルダンは色彩の輝きを取り戻させたばかりでなく、彼らに人生の歓びをも取り戻させた。

彼は中国のパゴダ（仏塔）を思わせる流麗なデザインを描き、まるで生きた彫刻を見るような優雅さを身にまとわせる。

たった一人の男が十億という中国人の人民服を一夜にして最新流行の服に着替えさせてしまったのだ！》

その後も、中国を訪れるたびに発展する様子をカルダンは喜んで眺めていた。空港に着くと、以前は政治的なスローガンが掲げられた広告塔が目立ったが、今ではビデオデッキやステレオのポスターが並ぶ。

以前のスローガンと言えば、人口過密に関する対策で、強制的に人口抑制を訴えていたが、そんな党の決断へ農民からの反発があった。市場経済と緩やかな資本主義の芽生えによって中国は現代化し、政府も市民を消費者に変貌させることを支援し、広告が一躍、脚光を浴びるようになった。

北京のデパートで、女性たちはサングラスやフラットタイプの靴を買い、子どもたちは欧米のロゴやフレーズが付いたジーンズやトレーナーを買い漁る。特に中流階級の人々の衣料への支出は伸びる一方である。例えば、衣料販売見本市の入場券がダフ屋の手によって、正規の値段の五十倍もの値が付いて売られる現象まである。

カルダンは中国が眠りから覚めつつあるのを感じ取っていた。彼らが共産主義時代の前から持っていた商才というかビジネス・マインドや交易の才を取り戻すのはもはや間違いない。

カルダンがマルコ・ポーロ・センターの近くにショールームをオープンした時、富裕階級の中国人女性たちが殺到した。エレガンスは、もはや政治的な罪でもなくなったのだ。

北京ではその頃、まだ、グレーやブルーの人民服が秋空の下に目立っていても、その下に着ているシャツは柄物だったりして、変化の兆しは顕著だ。若い女性たちは、例え、まだ週末の外出にヨーロッパスタイルの服を着る勇気がなくても、家の中では人民服を脱ぎ捨てて、おしゃれを楽しみ始めていた。

北京よりも娯楽と消費行動の盛んな上海では、洗練された下着や、ふわりとしたドレスなどが、既に店先のウィンドーを飾っていた。どこの国でも見られるように、まず、おしゃれな女性たちが、男性の関心を惹こうと、ニュー・モードに夢中になり始めたのである。

また、恋愛も共産主義教化至上主義の時代のようにタブーではなくなった。当時の若者には毛沢東時代のように結婚年齢が二十八歳未満という制限もなくなっていた。婚約期間はだいたい一年程度である。その期間、恋人たちは堂々と公衆ベンチで愛を語り合うようになった。そして、市役所でやっと結婚が認められると、新婚旅行のために一週間の休暇も取れるようになった。

旅行先で、最も人気があったのは杭州と蘇州である。どちらも水郷の町として有名で、人口湖を囲む庭園がある。花咲く木々や清らかな水を背景に記念写真を撮る姿が、あちこちで見受けられた。

公衆衛生の面でも変化が見られた。中国人が路上などで唾を吐く姿も減少し、カルダンは嬉しく思っていた。それでも、党幹部が会見するような場所では、まだピンクやブルーの花模様の立派な白い陶器の壷が彼らの足元に用意されていて、大量の痰が平然と、その壷に吐き捨てられていた。この光景だけは外国からの賓客の不快感をそそっていた。

『北京のマキシムが出来たときに、私は痰壷の撤廃を主張したのですが、店の幹部たちは驚いた様子で、私の提案を理解できませんでした。でも、私は、この歴史あるレストランが世界に通用する店になるためには、こうした風習から変えなくてはならないと説得したのです』

北京にマキシムが開店したのは一九八三年のことだった。パリの店とまったく同じ姿を再現したのだが、このオープニングこそが、中華人民共和国の政治的門戸開放の疑いのない証しとなって、世界中に伝えられた。

党幹部を説得するために、彼は持ち株の五十一％を彼らに提案し、すべての先行投資は彼が負担することで話をつけた。

最初は特別な賓客だけが対象だったが、今日では党幹部たちを含めて、裕福な観光客、ビジネスマン、大使級の外交官など、世界中のマキシムの顧客と同じ人々が集まっている。とは言っても、地元の普通の人々が気軽に行ける店ではない。なにしろ、そこでの食事料金は一般の人々の何か月もの給料に相当するのであるから。

ただ、海鮮サラダに子牛肉といった料理を前にコカコーラを飲む姿だけは、パリの店では見られないことである…。

さらに、北京の店での特徴は中国人のギャルソンたちが、党のエリートたちの子弟であることだ。北京の飲食サービスなどの専門学校の優等生でなく、政治組織からの任命で選ばれる。その職には志望者があまりに多く、彼らは親たちのコネを使って就職し、フランス式サービスを難なくこなしている。

『最初はボタン作りの夢からスタートした中国行きでしたが、今日では、何千人という人々がカルダン・ブランドのために働いています。故宮の中や、各地で私はファッション・ショーを繰り広げ、共産革命以来、初めて街中で西側諸国と同じように女性たちがおしゃれする状況を作り上げてきました。しかも、この勢いはとどまるところを知りません。

マカオ返還の際に、政府は中国王朝時代の歴史的服飾展を開催したのですが、五つある王朝に追加して、私のドレス八十点を出品するように要請を受けたのです。

彼らにとって、私は六番目の王朝となるわけですよ！

これ以上の光栄はないと思いませんか？』

この《征服の地》を訪れるたび、カルダンは万里の長城に上るのが楽しみだ。かつては蛮族の襲来に備えた場所で、彼は地平線の果てまで続くなだらかな丘のうねりを目にする。

『この《月の見える岬》と称される長城から眺めていると、私はまるで果てしない宇宙の中に吸い込まれるような気がするのです。私などはほんの小さな点の輝きにしか過ぎません。そして、私は人間の恐ろしいほどの虚栄心を痛感し、その傲慢さを認識するのです』

彼の目には地球はあまりに小さく見える。もっと手を広げることは、ごく自然で容易に思える。彼の視線は、もうひとつの共産国家、ソ連邦にも向いていた。

『ジャン＝ポール・サルトルやシモーヌ・ド・ボーヴォワールによるソ連礼讃の作り話には以前から、私はウンザリしていました。私が自分自身の目で、見に行こうと決心したのが一九八三年のことでした。現地に行って、私はすぐに社会主義のイデオロギーが現実には素晴らしいものではないと分りましたがね。そこで見たのは、知識人が国民に嘘をついている姿です。それでも、私は特に気の合う共産主義者たちとは友だちになりました。

ある日、私はソ連大使だったヴィノグラドフに、私自身は共産主義者じゃないとはっきりと言ったのです。すると彼は笑顔でこう言ってきましたよ。《ピエール、ご存知のように、世界には共産主義者がいくらでもいます。一人ぐらい、そうであってもなくても、なにかが変わるわけでもありませんよ！》とね』

一九一七年のロシア革命によって、レーニンがロシアの運命を変えた。四世紀にわたる帝政支配のツァーリズムは四日間で崩壊したのである。

一九一七年から一九二二年まで、帝国はソヴィエト共和国となり、労働者、農民、兵士の組織であるソヴィエト（評議会）を基本にする中央集権的民主主義を目指した。最高立法権はソヴィエトにあり、実質的な権力はボルシェビキ政党、共産党政治局にあった。

当初、ボルシェビキの力は不安定で、一九二一年までは西洋諸国の干渉もあって、何百万人の死をもたらす内戦状態が続いていた。内戦によってもたらされた問題処理と、ドイツ軍の攻撃への対処、市民と軍の必需品確保のために、レーニンは《戦時共産体制》を宣言し、あらゆる工業や商業を国有化し、政府による計画経済とした。労働者に対してはスト権のない労働を強制し、食料の配給制を敷いた。

こうした厳しい状況で、国家の存続は市民への警戒体制に頼っていた。政治警察が反対勢力の粛清を担っていた。

一九二二年、ＵＳＳＲ、ソ連邦が誕生する。その恐怖政治は一九二九年にスターリンが政権を掌握することによって、さらに苛酷な状況になった。

スターリンは農地の所有を禁じる。土地だけでなく家畜から農機具までが共有化され、農業の生産形態はコルホーズという組合組織か、国営農場であるソフホーズに集約された。この農業集団化が多くの抵抗や反対勢力を生み出したために、スターリンは国民への管理体制をさらに強めることになった。

彼が政権にいる間、粛清によって処刑されたのが百万人、千五百万人が強制収容所送りになったが、国家の重工業化政策は発展した。

同時に彼は中央集権、計画経済、そして独裁政権によってソ連邦を経済大国にはしたが、その生産と消費の損害は大きく、すべての負担が貧しい国民生活にのしかかった。

この、力による恣意的な工業発展によって、ソ連邦は第二次大戦において対独勝利を収めることになる。戦争中からの政治交渉によって、連合国側はヤルタ会談やポツダム会談での結果によって、世界を二分化することになる。

民衆デモクラシーという呼称で、ソ連邦の覇権が中央ヨーロッパとドイツの半分まで広がった。そのヨーロッパにおける分裂の境界は《鉄のカーテン》と呼ばれ、一九四五年以来、ヨーロッパを舞台にアメリカと共に冷戦というドラマが始まる。米ソの覇権争いがしばしば関係諸国を巻き込んで繰り広げられることになった…。

一九五三年、スターリンの死後、ニキータ・フルシチョフが政権についた。彼の政権下、社会的な自由への束縛も緩められ、消費経済も回復したが、一九六四年に、ブレジネフ政権になると、スターリン政権下に猛威を振るった政治警察のKGBが新たに息を吹き返すことになる。

その後もユーリ・アンドロポフ（一九八二〜一九八四）、コンスタンティン・チェルネンコ（一九八四〜一九八五）と二度の短い政権交代があったが、二人ともブレジネフ路線を引き継ぐ老人に過ぎなかった。

変化をもたらしたのは、五三歳のミハイル・ゴルバチョフが党の書記長に就任したときだった。

ゴルバチョフはオープンな人柄で、ロシア社会の根底からの変革を目指した。政治的な情報公開、グラスノスチ（透明性）を進め、ペレストロイカ（改革）の名のもとに、新しい政治経済への立て直しに取り掛かった。

ゴルバチョフは体制維持の保守派勢力と改革派の間の中道路線の可能性を探っていたが、改革派のボリス・エルツィンなどには改革が緩慢過ぎると批判もされていた。ゴルバチョフ政権が改革の道を探っている間、すでに資本主義精神を持った新しい富裕階級が生れつつあった。

こうした交流に関しては熟練の術を持つピエール・カルダンはソ連との最初のコンタクトを芸術活動の分野から始めた。

『私が世界の国々との交流を深めるやり方とは、まず、目指す国の文化をエスパス劇場にて展示会やスペクタ

クルという形で招聘することにあります。

私がソ連邦とのきっかけを作ったのは、フランス人に対して、ソ連邦には、それまでのボリショイやモスクワ・サーカスや民族舞踊とは違った、もっと質の良い素晴らしいスペクタクルが存在すると示したことです。それがマイア・プリセツカヤのバレエでした』

一九八六年、カルダンはソ連と紳士、婦人、子供服の製造に関する契約を交わした。トータルすると、百ほどのアイテムが、それぞれ一万五千点ぐらいづつの製造となる。スーツ、ワイシャツ、スカート、ドレス、コート、レインコートなど、ソヴィエト社会に生れつつあった新興富裕階級を対象としたアイテムばかりである。

さらに一九八七年には一万平方キロメールのスペースにショールームを開設した。共産主義で疲弊したソ連では管理行政の無能さゆえにとんでもない悲劇を招くことになる。一九八六年四月二六日、チェルノブイリ原子力発電所の四号炉が爆発した。汚染地域はウクライナだけでなく、ベラルーシ、ロシアなど周囲百キロ圏内以上に広がった。汚染面積はフランスの国土の二〇%、ドイツの二八%、イタリアの三三%、日本の国土の三八%にまで相当する。

大事故発生時には何万人もの人々が被爆したが、被害者の数はさらに上回る。何しろ、放射性物質の飛散した地域はポーランド、ブルガリア、ドイツ、フィンランド、スウェーデンなど周辺の国々にまで広がっているのであるから。

ユネスコ事務局長のフェデリコ・マヨールは国際支援を求めるユネスコ・チェルノブイリ・プログラムへの参加をカルダンに要請し、彼はすぐに承諾した。

マヨール事務局長は彼と共に現地への現状視察への同行を依頼した。彼らはウクライナの首都キエフに向けて発ち、周辺三〇キロ圏内にあり荒廃した村々を訪れた。放射能の広がりを抑えるために道路は加湿処理され、水はすべて汚染の危険があった。

現地に行ってみると、事故後、遠隔地へ退去避難させられたが、生まれ育った土地への愛着がゆえに《死の危険ゾーン》である故郷の村に舞い戻った老人たちがいた。カルダンは、そこで出会ったバブーシュカ（三角巾）姿の農婦たちの《スパシーバ（ありがとう）、同志カルダン》という言葉に心を打たれた。深い同情とともに、彼は献身的に救済運動することを約束した。

帰国後、彼はチェルノブイリ救済キャンペーンのためにジュエリー、メダル、バッジ、ピンズなどを創作し、窮状を人々の心に訴えると共に、その売上金を寄金として提供した。

『私のコンセプトは《二度と起こすな！》でした。これを合言葉にして、私は国際的な連帯を呼びかけたかったのです。

あらゆる国の、あらゆる世代の人間が、今、何よりも地球規模での環境保護の問題を考えなくてはならないのです』

彼は人々が問題への関心の証としてバッジをつけ、ジュエリーやメダルなどを通じて警告のメッセージが広まることを望んでいた。

こうしたアクションをさらに広めるために、マヨール事務局長は一九九一年二月に、カルダンをユネスコの名誉大使に任命した。

その授与式にはソ連のユネスコ大使ウラジミル・ロメイコとフランスの外務大臣ローラン・デュマが出席した。授与式の中で、ヴェルトヒルフェ（Welthilfe）というドイツのボランティア財団会長のカル・コーチより、メダル製造のため素材メタルの購買金として二十五万ドイツマルクの小切手が贈与された。メダルの鋳造はフランスの負担が約束されていた。

チェルノブイリ・プログラムによって集められた寄金は被害地域における学校建設や、言語やコンピュータ関連の教育援助、そして悲惨な事故がもたらしたさまざまの被害の支援に使われる。

『私はこの大役への任命がとても嬉しかったのですが、それには二つの理由があります。私は常に政治という枠の外にいたかったのです。文化と科学に関する国際組織であるユネスコから与えられ

た活動の使命とは、まさしく私が望んでいた形でのヒューマニティへの貢献だからです。二つ目の理由は、この称号を授かったのは今まで私がビジネスを通じて実現してきたボランティア活動への評価だと思えたからです』

同じ年の六月、ピエール・カルダンは初めてモスクワの赤の広場で、二十万人の観客を前にファッションショーを開催した。


『多くの群衆が、この滅多にないイベント見物に集まりましたが、それはひとつの喜びの祭典への参加でもあったのです。

それまで、こうした娯楽的なイベントは政府によって拒否されていて、ずいぶん前から、この広場では、いつも体制が好む軍事パレードであったり、国家的記念行事しか開催されなかったのですから。

さらに、当時、祖国を離れて自由世界に暮らしていたマイア・プリセツカヤが、その日には私の横にいたのです。

私が彼女に、そのショーに一緒に出席してくれないかと頼んだとき、最初は少し躊躇して、不安な表情を見せましたが、彼女はこう言いましたよ。

《あなたとならば、私は祖国に帰ってもいいわ。だって、あなたのそばにいれば、恐ろしいことは何も起こら

ないでしょうから！》

今まで何度も、私を信頼してくれたように、そのときもまた完全に私を信頼してくれました。ショーではモデルたちが登場するたびに、観衆からの歓喜の拍手が響き、歓声があがりましたが、私にはモスクワ全体が自由を求めて叫んでいるかのように聞こえました。このときの様子は今、思い出しても、なんと説明すればよいのか難しいほど感動的な出来事でした。クレムリンの赤い壁も、レーニン廟も、グム百貨店も、すべては群衆を受け入れる劇場の舞台セットでしかなく、その途方もない数の群衆がまるで太鼓を打ち鳴らすかのように蠢いているのです。あの瞬間は本当に現実離れしたひと時でした。

私とロシアの民衆とのつながりは、単にライセンス契約した共同事業の相手ではなくなっていました。あのときの歴史的イベントの思い出によって、強い一体感を得られた気持ちなのです。

歴史的と言いましたが、西側社会への門戸開放を願ったソ連人民の心のシンボルが、まさしくピエール・カルダンのロゴだったのですよ！

あのような忘れられない幸福感に包まれた一瞬を味わうと、それまでの私の人生の深い孤独との闘いや、決して妥協することなく頑張ってきたことなどが報われます。

そうした苦労は世界征服という野心を抱いた人間の宿命にとって《シネカノン（必要不可欠）》なる条件でもあったのですがね』

確かに、このイベントにはソ連人民の願いが込められていた。その後、衰退した政権は崩壊する。一九九一年秋には連邦構成共和国のいくつかが次々と独立宣言を行い、弱体化したゴルバチョフ政権は、これを力によって阻止することも出来なかった。

十二月二五日、ゴルバチョフはソ連大統領を辞任し、政権をボリス・エリツィンに譲り、こうしてソ連邦という国家は事実上、歴史の上から姿を消した。

一九八五年九月には、マキシムのニューヨーク店がオープンした。場所はマジソン・アヴェニューと六一番街の角で、セントラル・パークからも遠くない。その時の様子はアメリカの新聞でも、ひとつの大事件のように取り扱われた。

場所探しにはずいぶん時間がかかった。いくつかいい場所が見つかっても、さまざまな理由で断念することも多かった。

例えば、金持ちの若いオーナーであっても、アメリカ特有のピューリタン的道徳観で《マキシムは高級娼婦で有名じゃないか、そんな人たちが私の所有する建物に入って欲しくない！》と断られたこともある。

結局、ニューヨークでも有名な私邸のひとつであるカールトン・ハウスの建物に決まったのだ。しかし、この決定後にはアメリカの行政側との激しいせめぎ合いが待っていた。

アメリカ側では改装に必要なあらゆる資材をアメリカで調達しなくてはならないと要求してきたのだ。それらが例え世界の各地で加工されるにしてもである。

さらに建物のオーナーからは水からガス、電気、冷暖房施設に至るまで、すべてを安全という名目で、二重に設置することが要求された。もちろん、すべての費用はマキシム側の負担で！

そして、いよいよレストランの準備が整うと、下見をしたジャーナリストからは絶賛された。

《レストランは二つに分かれていて、一階部分は、グリュオーやバウムガートナーの花飾りの女性たちの絵が壁に飾られ、三、四〇ドルでシンプルな食事が出来る若い客向きである。そして素晴らしい螺旋階段を二回りして二階に上がると、そこはニューヨークでも洗練された客向きで、パリ、ロワイヤル通りの本店と同じメニューを注文できる。

料金はフレンチ・フランで八百から千フランぐらいだ。シェフは、まだそれほど有名ではないが、既に何年もニューヨークで働いてきたフランス人のパトリック・ピノン。彼が大きなキッチンで、パリのマキシムの伝統に沿って采配を振るう》

そこにはニューヨークにおけるフランスが存在した。もちろん、経費の面でテーブルのピンクの電燈は中国製で、絨毯はニュージーランド製で、アラベスク模様の銅製品はインド製であっても。

オープニングの日にはフランス側からはクロード・ポンピドー元大統領夫人、歌手のシルヴィー・ヴァルタン、そして、ベテラン歌手のリーヌ・ルノー、彼女の夫で作曲家のルル・ガステ、さらにアメリカ側の有名人と言えば、俳優のアンソニー・クイーンからヘンリー・キッシンジャー夫人などが招待された。

招待客のテーブルを回りながら、ピエール・カルダンは《私はアメリカにずいぶんお世話になりました。今晩はお返しに、ニューヨークにマキシムを捧げるのです》と語っていた。

だが、実は、それに先駆けて一九八二年、カルダンはマキシムをニューヨークに既に出現させていた。彼の友人でファッション編集者のダイアナ・ヴリーランドのオーガナイズで、一九〇〇年代のファッション展がメトロポリタン・ミュージアムで開催されたときのことだ。この時、カルダンは大変な努力を払いベルエポック時代のマキシムを会場に再現してみせたのだ。

美術館に付随するキャフェテリアをベルエポック風に改装し、八〇〇人のアメリカ人が五百ドルもする豪華な夕食会に参加した。帆立貝のパイ包みにフォアグラ入りのローストビーフ、ロシア風のシャルロット菓子といったメニューに高級ワインというメニューだった。

この夕食会には美術館の正面にもベルエポックのパリの広場が出現した。当時の雰囲気の古めかしいカフェを作り、その前に大理石のテーブルを並べ、オーケストラの演奏までつけて、外には辻馬車が並んでいた。

美術館の中にはアンティックな衣装が展示され、美術館全体がベルエポックの時代色に染まっていた。当時の女優やダンサーだったクレオ・ド・メロードやベル・オテロ、サラ・ベルナール、政治家のボニファス・ド・カステラーヌなどの衣装が並ぶ。デザイナーはパカン・ドゥーセ、ポワレ、ウォルトなどで、そこには、もちろん、いくつものピエール・カルダンの作品も展示してあった。

ピエール・カルダンは、その夜、《フランス式の人生の楽しみ方を表現したかった》とプレス発表した。

モーロワ、ロカール、シェヴェヌモンといったフランスの政治家たちがやって来ても、アメリカの新聞では数行の記事になるだけであるが、カルダンの言動は常に注目を浴び、その夜の記事もアメリカの各紙に何ページにもわたって報道された。

一九八六年、ピエール・カルダンはガブリエル大通りにレジデンス・マキシムというホテルをオープンし、姉のジャニンヌが南仏に引っ越した後、彼はそこで暮らすようになる。

ジャニンヌはパリで退屈しきっていた。暇つぶしに彼女は何かの故障を口実にカルダンの社員を家に呼びつけて、世間話を楽しんだり、または、ついでにマキシムのシャンパンを持って来させて一緒に飲んだりしていた。もちろん、彼女の着る服はカルダン。また、家の窓から毎日、見るエリゼ宮の護衛兵の交替風景にも、うんざりだと言い出し、弟であるカルダンの収集癖で、家が（彼女にとって）雑然としていることにも不満だった。

『姉は私の趣味である現代アートには関心がありませんでした。ですから、例えば、アルマンの有名な作品《プベル（ゴミ箱）》などは、私が気が付かないと思って、毎日、少しづつ場所を変えて、自分が目にしないように階下に運んでしまうのです。さらに、私が心配したのは、朝、アパルトマンの通用口にいるのを見かけたら、夜になっても、同じ場所で、道路に出されたポリバケツのゴミ箱（これは本物の）と並んで、ごみ収集をじっと眺めているのです』

そんなことで、彼女は南仏アヴィニョンで余生を送ることにしたが、そこで、自宅に暴漢が押し込んで縛り上げられるというような事件もあった。

その後の彼女は衰弱の度合いを深めていった…。数ヵ月後、彼女が亡くなり、カルダンは身寄りをまったくなくしてしまう。それでも、生来の気強さで、悲しみを顔にも出さず、彼はさらに仕事への情熱に拍車を掛けていた。

『私にとってピエール・カルダンもマキシムの名前も、同じようにビジネスと人間性の戦いなのです。まずは全地球を制覇することです。

ファッション、食べ物、演劇、造形芸術、音楽などを通じて、私は自分の創造とアイデア、そして自身の価値観を世界に示したのです。

私が選んだ道は、かつての東側、共産社会のように革命的な理想ですが、結局は混乱と失敗に至る道ではありません。人々の間に協力と優しさがあり、暴力も独裁もない、人間性に溢れた道です。この道こそが、武器や軍隊やプロパガンダによる社会変革よりも、ポジティブな近道であることは今、はっきりとしました。よりよい生活を提供するという意味で、ピエール・カルダンのファッションも、マキシムも、エスパス・カルダンも、すべて文化の民主主義といえるのです』

第9章 カルダン帝国の総帥

Pierre Cardin 1953――

二〇〇六年七月二日、ピエール・カルダンは八四歳になった。老いてからの彼は俳優のジャン・ギャバンのようだ。つまり、彼自身は少しも変わらないのだが、雰囲気が別人なのである。風貌もよりよくなり、貫禄を増した…。肩幅も腰周りも大きくなり、時間の節約のために自分でカットする髪も少しは薄くはなったが、見事な感じで白髪が襟元でカールしている。皺の少ない顔には内面の充実がみなぎり、美しく澄んだ瞳とあらゆる人を魅了してきた暖かい微笑みは変わることがない。

現代のグローバリゼーションの時代を迎えても、彼は決して諦めることを知らない。がっしりとした体格と同様に創造へのエネルギーも衰えることなく、まるで頭の回転によって、血液の新陳代謝が行われているようである。若々しく、活動的で、常に新しい企画を準備している。

彼にはバカンスも休息も存在しない、あるのはちょっとした休憩時間だけであるが、そのときでさえ、彼は新しいプロジェクトを夢想しているのだ…。

『私には行動あるのみ!です。私はいっさいのスポーツをたしなみませんし、趣味というものもありません。私のエネルギーはすべて所有するものと、それがもたらす義務に費やされるのです。私の贅沢とは仕事に他ならないのです』

二〇〇五年の初め、彼は精力的に動きまわり、さらに新しい香水《エモーション》を発売し、同時期にウイーンでは今までのオートクチュール作品を並べたピエール・カルダン回顧展を開催し、カイロでもムバラク大統領夫人の依頼で同展が開催された。

こうした活動の合間にも、平行して演劇の監修を勤め、パリ郊外のサントゥワンに彼の家具の常駐展示スペースのオープニングを準備し、さらにサド侯爵の城の修復作業を継続し、北欧のラップランドに出掛け、零下三〇度のアイス・シアターにてミュージカル《トリスタンとイゾルデ》をプロデュースしたり…彼は止まることを知らない。

キャリア六十年を経て、彼は太陽が沈むことのない《帝国》を築き上げたと言えよう。それは大いなる野望と、未来を予見する卓越した才能の結果に他ならない。今では、自身の成功に彼も酔い痴れる。

『私が二十歳のときには、将来、今日の自分のような人間になるとは、夢にも思いませんでしたよ。私は俳優かダンサーにもなりたかったのです。でも、私は経理の資格を持っていましたし、またファッションの経験も積んでいましたから…。

とにかく、あの頃は、まだ自分でどんな道に進むのかさえ分りませんでしたよ』

半世紀以上にわたる、彼のほとばしる創造力は時には挑発的で、大胆なものだった。ファッション界にプレタポルテをもたらし、百貨店を通じての販売や紳士服コレクションの確立、そして莫大な収益をもたらすライセンス・システムの発案など、あらゆる面で彼は時代の先駆者でもあった。

彼のスタイルは現代でも、多くの若手デザイナーたちのコレクションに、その影響を見ることが出来る。彼の成功はビジネスとしてのデザイン界で、ひとつのモデルとなっている。

『私はAからZまで、すべてに対してのプロであります。それがファッション・デザイナーとしての基本的資質だと思うのです。デザイナーはすべてを自分でこなさなくてはなりません。売るところまでもね！
私は単に服を作る人間でありたくなかったのです。私は生地や素材を使って、形を作り、私の考えを表現し

たかったのです。

私は自分のデザインした作品を単なる自分のアイデアだとは思っていません。それらは二十世紀という時代の流れや新しい時代を映し出す鏡のようなものと思っていたのです。自分のコレクションで二十世紀の歴史を紡いで来ました。

バブル・ドレスや宇宙的デザインのコスモコール・ルックや、プリント地のデザインなども五十年代の芸術運動や六〇年代の視覚芸術《オプ・アート》からの着想でした。

空港の動く歩道を見てインスピレーションが沸き、作ったプリーツ・パンタロンなどもありました。

今まで私が生み出したデザインは実に二万点になります。そのうち、四千点は私の個人コレクションとして保管していますが、それらは私が生きた世紀の人間性の発展の証なのです。移ろいやすい時の流れを私が具象化した作品と言えますね。

そうです、ファッションとは目に見えない時代の感情を固定し、形に留める行為なのです。衣服とは時代を彫り刻むことで、その素材が生地であり、体の型であり、あらゆる有形物であるのです。

私は今、デザイナーとして世界経済のトップ・ゾーンに位置し、ひとつの産業を背負い、世界中で私のブランド・ロゴが国旗のようにはためいています。私の所有財産は銀行家に匹敵します。世界の首脳陣は私のことを彼らと同様に扱ってくれます。

それらすべてのことは決して偶然の結果ではないのです。それは私が常に人間性の発展を願って物作りに邁

進してきたからに他ならないからなのです。

私が作った合成繊維で、柔軟性があり、簡単に洗うことも出来る作品は将来の冷暖房完備の都市に向けてのものでした。既にそうした地下都市がカナダやスエーデンには存在していますが、そういうところでも私の服を着ると軽やかで自由で、しかも美しいのです。

人類が宇宙を目指した時代、世界中の多くの男性や女性が社会の変化を求めていました。ファッションは、そんな時代感覚の表現を可能にするものでした。

私の歩んできた道を簡単に言うと、私はあらゆる機会をとらえて、そうした新しい時代への扉を開いてきたのです。

それを最も早く理解してくれたのが日本人で、次に中国人でした。

特に中国では、今までの作業服のような人民服を捨てて、パゴダ（仏塔）スタイルといわれた肩のせりあがった個性ある衣服に着替えた人が多く出現したのです。

私は圧制に苦しむ人々に、ファッションを通じて、自由という名の助け舟を出したのです』

彼のビジネスの才能は疑いようのないものだが、ピエール・カルダンは今では世界の長者番付でもトップクラスの一人である。

香水や自分のブランドのすべてが百パーセント、自分の持ち株というデザイナーは彼しかいない。

彼の経営する企業はレストラン、文化施設、ホテル、食料品店、ブティック、不動産など多岐にわたる。

ペンから家具まで、彼の名前を冠した何百というブランド・アイテムの製造に関して言えば、そこで何千人の人間が働き、何百もの工場が世界各地に存在する。

『私は世界中、どこに行っても自分のワインを飲み、自分のレストランで食事をし、自分のホテルで眠り、私のシーツに包まれて、自分の服を着て生活し、自分の香水をつけることが出来ます。

唯一、中国で生産されている《私の》タバコだけは、私自身が所有しているわけではないのですが。でも、いいのですよ、どうせ私はタバコをたしなみませんから！

私はあらゆるモノに対して執着心はないのですが、すべてを所有するということが私にとって必要なのです。誰に相続するのでもないのに、この所有欲というのは不思議に思われるかもしれませんね。

私の目的は所有することにあるのではなく、所有していれば、実現できることがあるということなのです。もう、これ以上の必要はないわけですが、それでも、今も私は《もっと！》と願っているのです！』

ビジネスマンとしての彼は、まるで人が地下鉄に乗るように飛行機に乗る。週に何度も、いや、往々にして一日に何度も。彼は既に少なくとも地球を四十周はしているだろう、そして、それは今も続いている。

一九九一年以来、ユネスコの名誉大使としてさまざまなメッセージを携えて、またはボランティア行為のために世界中を駆け回る。

一九九五年十二月、パリの有名なギャラリー《エンリコ・ナヴァラ》でユネスコの《国連寛容年》の一環として、彼のデザインした六つの旗が展示された。

そして、クリスマスにはパリのコンコルド広場で世界に先駆けて、これらの旗が高く掲揚された。

一九九六年四月、その六つの旗はイスラエルのエイラットや、ヨルダンのペトラ、またリビアなど、寛容精神においてまだ国際的に認知されていない国々の象徴的な場所において公開され、彼は国家主席並みの待遇を受けた。


『私は外国において、最も有名なフランス人です。

六十年間にわたる国際的活動を通じて、アリゾナの真っ只中から、アフリカ、アマゾン、アジアの国々まで私の名前はどこにでもあります。

とにかく、世界各地、五十ほどの国々に、現地の人たちが仕切っているオフィスがあるのですよ！』


初めてパリにやって来た日から、彼はまるで畑を増やす農民のように、少しずつ、エリゼ宮に近いフオーブール・サントノレ界隈の土地を買ってきた。

『一九五〇年に私はリシュパンス通りの屋根裏部屋にアトリエを持ちましたが、仕事がうまく行き、たちまち手狭になったので、フォーブール・サントノレ通り一一八番地にあるアルクール邸に移りました。そして、一九六六年に、現在も持っているマリニー大通り二七番地に移転したのです。

それから、ファッション部門をここに移し、一一八番地は骨董品店に売り渡したのですが…三番地に私は住んで、ロワイヤル通りのマキシム、五番地には食料品店を開き、七番地にはカフェ・ミニムス、ガブリエル通りの一から三番地まではエスパス・カルダンで、四二番地はホテル、レジデンス・マキシムがあります。

私は別に私邸としてエリゼ通りにひとつ、もうひとつはシルク通りに…』

彼の所有不動産のリストは延々と続く…。

『なにしろ、私はすべての事業で個人経営なのですから、不動産は私にとって経営基盤となる保険のようなものなのですよ。

私がフランス大統領官邸周辺の土地を所有しているので、人は《官邸のエリゼ宮を包囲するつもりか》などと冗談を言ってくれますがね！

確かに、私はこの地区の不動産ばかりに狙いをつけていました。私はもともと田舎者ですから、土地と建物ほど安心できるものはないと考えているのです。同時に私は管理能力にも恵まれていて、企業グループとしての帝国をしっかりと管理しています。これが真実ですよ！

私はお金を溜め込むために仕事をしているのではありません。それは再利用というか、私の事業で必要とする資金なのです。私の目的は、そこなのです！

私自身が、ピエール・カルダンの社員であり、カルダンの唯一の銀行であり、カルダンの株主なのです。私はいつも自分のボスのために働いてきました。ボスは私自身なのです』

彼にとってのお金というのは使うためのもので、儲けるという行為は蒐集家の本能のようなものである。

彼は多くの家を所有しているが、そのすべては家具に溢れた美術館のようで、特に一九〇〇年から三〇年代のオブジェや絵や彫刻の素晴らしいコレクションがあり、他にも、さまざまな時代とさまざまな文明の作品群がある。

『私は気に入ったものをどんどん買ってしまいます。買いたい衝動を抑えられないのです。持っているものを

売ることは非常に稀です。買って、すべて手元に置いておくのです。美しいものを所有して、それらを眺め、見つめ、撫で回すのですが、その衝動は私自身の性格なのです。私は根っからの収集家ですよ』

彼の所有するホテル《レジデンス・マキシム・ド・パリ》の大きな部屋は彼の未来派作品コレクションの彫刻や家具で飾られている。

極彩色の漆塗りで、すべての面に彫刻が施され、後ろから見ても横から見ても正面の扉と同様に美しい芸術的家具が大きな部屋の真ん中に置いてあり、宿泊客に安らぎをもたらすのである。

それぞれのフォルム（形）はイチゴを思い起こすものとか、あるいはラズベリーとかアーモンド、またはバイオリンとか、ボディビルダーとか、コントラバスとか。とにかく手で撫でたり、齧りたくなる形の作品ばかりである。

『私はいつも家具調度類に大きなこだわりを持ってきました。

私が最初に家具を観察するのは正面だけでなく、裏側もきちんとした仕事がなされているかどうかです。普通、家具は壁際に置くので、裏側は見えないものとして注意を払わないのですが、私にとって、家具は芸術作品であり、裏も表もなく、置く場所も限定するものではないのです。

全体がひとつの作品ですから、ぐるっと廻って鑑賞されるべきものです。ファッションの仕事でモデルの全体を見てチェックするのと同じですね』

それらの家具は時には彼の強がりの言い訳になる。

時折、痛風の発作に襲われる。肉や白ワインを好む熟年美食家特有の持病ではあるが、そんな時でも、彼は、《好きな家具を見ていて足をぶつけただけだ》と言い張るのである。

にもかかわらず、彼はいっさい休むことをしない。大臣級のスケジュールが待っていないと、彼は不安になるのである。

『だいたい、朝は四時半ごろに一度、目が覚めてしまいます。眠りが浅いものでね。そんな時、あらゆる仕事のことが次々と目に浮かんでくるのです。

まず、私はファッションの仕事から考えます、そしてホテルのこと、レストランのこと…。そんな風にあれやこれやと半時間ぐらい考えて、再び眠りについて、七時半まで眠ります。

朝起きると、まず昨日から貯まっている私への個人用の手紙などをチェックします。そして、シルク通りに沿って歩き、オフィスに行くのです。八時半にはオフィスに着きますが、日曜日でも同じスケジュールですよ。

オフィスに着くと、私はまっすぐ五階にあるアトリエへ向かいます。そこでスタッフたちと自動販売機の前で、立ったままコーヒーを飲むのです。これが不思議なことに、自宅で飲むコーヒーより、この自販機のコーヒーのほうが美味しいのですね。しかも、不思議なことに、このコーヒーなら胃も痛くなりません！

その後、二・三時間は仕上がった見本をチェックしたり、新作のデザインしたりで過ごします。私は今でも、この作業が大好きで、麻薬みたいなものですね。それが終わると、私は三階に下りて、自分のオフィスで訪問客に会います。

昼は、たいていビジネス・ランチの予定が入っています。食後、私はオフィスに戻り、夜まで、さまざまな問題を処理する仕事に追われています。

夜八時になると、私は世界や社会での動向を知るためにテレビのニュースを見ます。それからはレセプション・パーティや、カクテルや、さまざまなオープニングや、または劇場へと外出しなくてはなりません。夜食をとって、ベッドにつくのは午前一時か二時になってしまいます。

そして、また、次の日が始まるのです！』

会社における彼の存在は大きい。常に二百五十人のスタッフたちとコンタクトを持っている。彼らは《公式》には敬意を込めてムッシュー・カルダンと呼んでいるが、仲間内では親愛の気持ちを込めて《パピー》（爺ちゃん）と呼んでいる。

社員たちの何人かは既に四十年以上の勤続で、中には創業時以来のスタッフも二人ほどいて、彼らとはチュトワイエ《キミ、ボク》の友だち口調で話す。だが、それは極めて例外で、彼は誰ともヴーヴォワイエ《あなた、私》という丁寧語で互いに接する。

普段は我慢強く、寛大で、理解もあるが、時には怒りを露わにすることもある。激怒し、激しく叱責するのは社長の常で、そんな時、相手はとにかく逃げるにこしたことはない…。社内での最大の懲罰とは、カルダンの信頼を失うことである…。

スタッフの中には少人数で構成される、いわゆる取り巻きがいる。カルダンが行くところには、常にそのスタッフが付き添う。

彼らはハンティングで彼を守る狩猟犬のような存在で、闘犬としての秋田犬もいれば、ナルシスト的傾向のアフガン・ハウンドや、ヒステリックなフォックス・テリア、太ったラブラドールもいるし、サロン用のプードルや、必要時の交代要員が二人ほど、そして彼の何でも許してしまうお気に入りの無謀な雑種犬などなど…。

彼らは全員が、互いにご主人の注意を惹こうと牽制しあい、食事を共にするとか、さらにうまく行くと旅行に付き添えて至福の時を与えられるとか、特別なご褒美を期待するが、カルダンを敬愛する点では、誰もが同じで、一致団結する。

猟犬同様、時には彼らが互いに激しく争うこともある。飼い主は間に入って、仲裁するが、強いものに配慮しながらも、痛手を負った《負け犬》の自宅にはマキシムのフルーツ籠を届けさせ、傷口が癒えたら、仲間のもとに戻るように説得する。

カルダンに会う前に、慎重なスタッフたちは、その日の彼のご機嫌を伺う。ご機嫌次第で、彼の返事も大きく変わってくるからだ。絶対に面会を避けるのはカルダンが家具を移動させたり、大掛かりな片付け作業をしているとき。

彼はピアノ運搬業者さえ、青ざめるほどの力持ちで重い家具を動かすのだが、そんなことを始めるときは不機嫌の兆候なのである。多くの裏切りにあったとか、仕事上の問題を抱えているときなのだ。

『時にはスタッフたちが唖然としてますが、私は何年も同じ場所にあった家具を動かしたりする作業によって、解決できなかった問題の糸口が簡単に見つかるのですよ。頭で考えていても、決して答の出ない複雑な問題には、体を動かすと見つかることもあるのです』

海外出張でもしていない限り、カルダンはマリニー大通りの三階のオフィスにいる。

《カルダン帝国》の玉座は長く曲がりくねった廊下の奥にあり、扉の前には謁見を望むスタッフたちが長蛇の列をなす。

《もう四十年もこのありさまなのですから！》と嘆く人もいるが、急いでも護衛スタッフのフォックステリアに吠えられ、いや、叱りつけられ、よけいにストレスが増すばかり。

部屋の中に通されても、謁見は三十分を越えることはまずない。というのも、ご主人は現実的に物事を処理し、決断も素早いからだ。さらに、カルダンには内蔵されたレーダーでも備わっているようで、ひとつのプロジェクトが成功する可能性があれば、それを必ず探り出してしまう。

扉が開くと、謁見人は大きな濃い緑色のデスクを目にする。それは彼が苦労して作り上げた家具調度作品である。ひとつの窓からはエリゼ宮を見渡せて、もうひとつの窓からはボーヴォー広場、内務省の建物が見渡せる。

この場所は彼にとって制作ルームでもあり、アイデア研究所でもあり、資料室でもある。思い出と栄光に囲まれた芸術的熱気と混乱の中でカルダンは仕事に従事する。

謁見にやって来る人々とはライセンスの契約相手であったり、ビジネスマンであったり、多くのジャーナリストたちである。

取材の際には、彼は次々と成功の証である数多くの記事の切抜きや、手にした感謝状やカップのたぐい、あらゆるジャンルの有名人たちと一緒に納まった写真を次々と取り出して見せる。

写真にはジョルジュ・ポンピドー、マリア・カラス、オーソン・ウェルズ、ジャッキー・ケネディ、ルキノ・ヴィスコンチ、ネルソン・マンデラ…といった顔が見える。

中でも、インディラ・ガンジーやマザー・テレサは印象的だ。他にもリチャード・ニクソン、法王ジヤン＝ポール二世、フィデル・カストロ、ミハイル・ゴルバチョフ…雑然としたデスクから、そうした写真を見つけ出せるのは彼しかいないし、また他の者は片付けるどころか、デスクに触ることすら許されない。

こうした個人的な仕事を彼はたいてい週末に予定する。彼は自分のデザインした家具や、プロデュースしたスペクタクルのポスターや自分で書いた童話の本や、カルダン・ブランドの葉巻、香水、ミネラル・ウォーターのボトルなどを披露する。

そのミネラル・ウォーターはフィレンツェ近郊にあり、ダヴィンチによって描かれた「エトルリアの壷」でも有名な鉱泉からの発泡ミネラル水で、二十年の交渉を経て彼が手に入れたものだ。月間生産量が百万本で、マキシム・ブランドで発売されている。

『これらのすべての作品群を写真で眺め、これらを全部、自分が手掛けたのかと思うと、我ながら信じられないぐらいです！二十世紀は私にすべてを与えてくれました。栄光も富も名声も…本当に自分でも素晴らしいと思います。でも、まだ終わってはいませんよ！』

彼の成功の秘訣は、常に他の人々よりも何歩も先んじていることだ。それは予見能力に優れた直感もあるし、どんな場合でも状況が彼に味方するという幸運に恵まれていることもあり、また彼の非常に実用的な仕事の進め方のおかげでもある。

彼は人任せにすることはほとんどない。すべて自分でチェックを怠らない。何千枚もの小切手には、自分でサインをして、請求書の処理もすべて、時には全社員の給料まで、きちんと目を通す。

彼はそれぞれの仕事に対して、明確な考えを持っている。各セクションの責任者を集めての会議などはいっさい開かない。各人から直接、オフィスで、または廊下の片隅で報告や提案を聞き取るのだ。

彼には《よく理解しているものだけが、明確に説明することが出来る》というモットーがあり、事案について完璧に理解している人間だけを相談者とする。

何ごとにも注意を払い、与えられた案件について、すぐに理解する能力を持ち、また、すぐに同意か拒否かの判断を下すことが出来る。

彼はマーケティング論を信じたりはしない。ある提案があると、彼はすぐに飛行機に飛び乗って、現地に赴き状況を把握する。そこで、彼は人間同士のコンタクトを築く。責任者たちが書類を携えてフォローするのは、その後のことである。

こうした仕事のやり方で、彼は毎年、地球を三周ほどしなくてはならない。その間、彼は耳を傾け、目で観察し、記憶し、詳細は写真にも撮るのである。

地球上の新しい発見のすべてが絶え間ない彼の喜びであり、同時に、彼のクリエイティブ活動のすべての糧となる。

毎晩、彼は経理責任者の助けを借りながら、子供の使う学習ノートに定規を使ってグラフを書き込む。各事業に一冊づつのノートがあり、収入と支出をそれぞれの販売所ごとに記すのである。そして、その業績の良し悪しによって、各ページの片隅に太陽か雲のマークを付ける。それは彼が、昔、ヴィッシーの赤十字で経理担当をしていた時代以来、ずっと身につけた可愛い習慣なのである。


『私は優れた管理者であり、決してお金を溜め込む資本主義者ではありません。私は世界中で私のために働いてくれる二十万人ほどの生活を背負って、自分の決断に責任を持ち、邁進しているだけなのです』


そして、彼は名誉も大好きだ。今までに数多くの賞や勲章を授与されているが、その数はフランスでも間違いなく最多保持者であろう。

中でも、フランスのオートクチュール協会からは、そのシーズンの最もクリエイティブなコレクションということで、三回の金賞を受けている。一九七七、一九七九、そして一九八二年度だ。

一九八三年には仏政府の芸術文化勲章シュバリエ賞。同年、レジオン・ドヌール勲章のシュバリエ賞を叙勲、一九八五年には国家功労賞の最高位コマンドゥール賞を仏政府大統領より授与された。

こうした勲章を受けても、彼は自分の上着の襟に、その略章を飾ることはない。上着といえば、彼は自分の上着は同じものを何着も一度に作ってしまう。こうすれば、毎朝、何を着ていくか迷うこともないからだ！

そして、彼の芸術への貢献に対してフランス学士院芸術文化アカデミーから、栄誉ある入会の誘いも来た。

『一九九〇年八月一日、私の友人である名優のピエール・デュクスが逝去しました。その数ヵ月後に、デュクスの死によって、定員の空席が出来たので、アカデミーにいる多くの友人が、私をメンバーとして推薦してくれたのです。デザイナーというだけでなく、私が今まで演劇やダンスや音楽にも貢献してきたということでね』

アカデミーのメンバーは彼を芸術文化の表現者としても認めていた。次のような言葉が彼に捧げられた。

《オートクチュールはひとつの芸術である。もし、あなたが木とか石膏で衣服を作れば、あなたは偉大なる造形芸術家ということでしょう。

なぜ、布地を使っただけで同じではないと言えるのでしょうか？

違いはあなたの作る形は固定されず動くだけです》

彼ら芸術アカデミーのメンバーにとっては、デザイナーが造形芸術家と同じように芸術家であることは当たり前のことである。

芸術アカデミーの中で、メンバー用の特別な礼装を自分で作ったのは彼だけだった。また、メンバーはそれぞれ自分のサーベルを正装の衣装と共に着用するが、カルダンはその剣にも、自らを示すシンボルを表現した。剣の柄のデザインにハサミと糸通しと指貫をあしらった。

アカデミーの儀式だけでなく、公的なセレモニー行事があるときには、彼のアカデミー会員としての礼装姿が見られる。例えば、二〇〇三年にローマで行われたエマニュエル＝フィリベール・ド・サヴォワ皇子と女優のクロチルド・クロウの結婚式に招かれたときなどである。

『今までのすべての叙勲の中でも、フランス学士院芸術文化アカデミーに推挙されたことは私にとって、最も嬉しかった出来事でした！』

彼が喜んだのは、そのことがファッション業界全体への名誉だと考えたからである。ファッションが芸術として認知されたことに対してである。

綿花畑から、養蚕業、羊の世話、品質研究所、大きな工場、素晴らしい職人たち、専門誌などのメディア、こうしたあらゆる業種に携わる人々がファッション業界を形成しているのであり、それが創造芸術として公式に認められたのである。

『この名誉は四十年間、婦人服に携わり、三十年間の紳士服、二十年間の演劇活動、そして十数年間のレストラン業に従事してきた賜り物です。

伝統に従って、推挙された後は、終身会員のメンバーたち、その多くが既に友人たちではありましたが、素晴らしい業績を残した建築家、音楽家、彫刻家、画家などに会いに行き、一度の採決で、一九九二年十二月、ピエール・デュクス逝去による空席の後にフランス学士院芸術文化アカデミーの正式メンバーとして迎えられました』

一九九二年十二月二日、水曜日、彼の昔からの友人でもあり、芸術アカデミーの事務総長でもある作曲家のマルセル・ランドフスキーが歓迎の挨拶を次のように述べた。

《あなたが、昔、パリに初めてやってきたときには、まだ、可愛い顔をしていたと伺っておりますが、本日、あなたは顔の美しさには変わりありませんが、可愛いではなく、なんと偉大なる顔に変身したことでしょう。

現在、自分のブランドで世界中に八百のライセンス契約を持たれ、五四の国に百十の工場を持ち、オ能に恵まれ、まさに、ひとつの帝国を築かれていますが、あなたは永遠の青年のように、まだ溢れるアイデアで新たなプロジェクトに挑戦しています。

表現者であり、芸術家の友人であり、美と未来に向けて手を差し伸べる企画者であり、あなたは伝統とモダンと事業精神のすべてを持ち合わせた人物です。

今、芸術アカデミーに会員として、あなたを迎えることは名誉とするところです》

ところが…他のファッション・デザイナーは不満だったのか、誰もセレモニーに参列しなかった…。

『私が栄誉ある芸術アカデミーという場にメンバーとして招かれたということは、ファッションというものを芸術文化の域に引き上げたということなのです。かつてなかったことですよ。

なのに、デザイナーで私のアカデミー入りを祝ってくれたのはパコ・ラバンヌだけでした。

他の同業者たちはたぶん、密かにジェラシーを抱いていたのでしょうか…私はいつも一匹狼なのですよ。だから仲間外れにされることも多いのです。

私はどこのグループにも所属しないので、それも仕方ないでしょう。

私はなにも墓場で一番の金持ちになろうとは思っていませんし、例え、企業の責任が私にエネルギーを与えてくれるとしても、人に何かを強制するつもりはありません。

考えるだけなら、誰にでも出来ます。でも、私は考えを実現し、私が正しいことを実際に証明したいのです。私は食べる苦労を知っています。だからこそ、その思い出が、今も、私を前へ前へと進ませるのでしょう』

それから九年たって、ピエール・カルダンは芸術アカデミーでジャンヌ・モローに遭遇する。カルダンの尽力で、彼女が女性として初めてアカデミー入りしたのである。

人生の上では二人は別れることになったが、栄光が二人を再び巡り会わせた…永遠に。

アカデミー入会の礼服を彼女のために作ったのはもちろんカルダンだった。毛織物を使ったもので、刺繍を施すにはアトリエで一ヶ月もの作業を要した。彼女は男性アカデミー会員の持つサーベルの代わりに胸の上にブローチを付けていた。

ジャンヌ・モローは、この準備が出来るのはピエール・カルダン以外には誰もいないということを十分知っていた。

《私にとって、芸術アカデミーとはピエールのことなのです。彼が私の傍にいなければ、私はアカデミー入りを受諾しなかったでしょう》

『この終身メンバー制のアカデミーに、社会や常識の枠に捉われない反（アンチ）精神の私たち二人がいること自体、例外的なことだと思います。

他の会員に承認されただけでなく、今までと同じようにアンチの精神でいられるのは、何という幸運で、何という名誉でしょうか！』

彼の大きな誇りは芸術アカデミーとユネスコの両方に名を連ねていることだ。この二つの名誉だけでも、他のすべての名誉の重みに匹敵すると彼は考えている。

『私の人生に悔いはありません。私は自分の夢をすべてと言っていいくらい実現することが出来ました。演劇が好きだった私はアンバサドゥール劇場を買い取り、エスパス・カルダンを創立しました。レストランを開きたかった私はマキシムを買い取りました。人生でしたかったことをすべて成し遂げたのです！すべてが魔法のように実現できたのです。

もちろん、私にはそれなりの野心があり、しかも、そこに至るまでは一生懸命に働きました。でも、私が成功を求めて突き進んだというより、むしろ、成功は向こうからやってきてくれたのです。

もしも私が二十歳のときに安易な道を選んでいれば、失敗していたかも分りません。しかし、私は誠実すぎるぐらいの人間でした。私は人生という道程にたくさんの光を求めたのです。

休む時間があれば、私は美術館に出かけました。私に不足していた知識を得るためにです。

人生での成功を願っている若い人が悩んでいれば、私はこんな忠告を与えます。まず、働くことです。一生

懸命休むことなく働くことです。そして、同時に美術館に行って勉強することです。美術館に行けば、過去に既に何が行われたかを知ることが出来ます。何が発明発見されているかを知ることが出来ます。そうすれば、クリエイターとして、既に存在したものをコピーするようなことは避けられるでしょう。もう一度、人生をやり直せるなら、私は同じ道を選びます。もちろん、仕事で難局を迎えたことも一度や二度ではありませんが、私はいつも、たった一人で乗り越えてきました』

彼の唯一の楽しみは、今もエスパス・カルダンで行われるさまざまなアート関連の行事に顔を出すことである。そこでは常に前衛的で時代の先端を行くアーチストたちが紹介されている。一九九九年九月、芸術の世界に新しいテクノロジーを持ち込んだパイオニアのひとり、フレッド・フォレストがエスパス全体をエレクトロニック・コミュニケーション・ワールド・センターに変身させた。

そこでは全世界の人々をインターネットで結び、企画用に立ち上げたサイトを通じて、コミュニケートするという企画だった。エスパスの建物が既に宇宙的な空間なのだが、その中でコンピューター、プラズマ・モニターなどさまざまな電子機器が備え付けられ、入場者は会場の遠心分離機のようなスペースに立って、リアル・タイムで世界から送られてくるメッセージを目にするという画期的な前衛視覚芸術だった。

毛沢東の死から十年たち、中国にも前衛芸術家たちが数多く生れ、二〇〇二年十月には《パリ・北京》展が開催された。

この展覧会で紹介された画家の中でも、張暁剛（ジャン・シャオガン）は最も有名な存在で、彼の描く人物像は文化大革命時代の生気のない人々の顔を思い起こさせ、描かれた人物たちは細い赤い糸で結ばれている。

若手では陳文波（チェン・ウェンボー）がいた。彼はサイバネティック（情報処理）な女性像を描き、ヴァーチャル・ハイパー・テクノロジーによる突然変異の世界を表現する。

造形作家では隋建国（スイ・ジェングォ）が参加していた。彼の合成樹脂の作品、巨大な赤い恐竜は会場の入り口に置かれた。

写真家では馬六明（マー・リューミン）がいた。彼の作品は万里の長城を裸で歩く中性的な美青年。他に写真家でパフォーマンス芸術家の張（ジャン）・ホワンがいて、彼は体中に蝿や昆虫を惹きつける物質を塗りたくり…。

個人という意識に目覚めた、この新しい中国社会の変化を表現した作品群を紹介できたことをピエール・カルダンは誇りにしていた。

一人っ子政策をとっていた中国は現在、個人、情緒、セクシュアリティなどの解放感に満ち溢れている。展示された作品には暴力的なシーンや、生々しい姿を描いたものもあり、ロボットのようなセルロイド・ロリータや、性別の分らぬ男女が幽霊のように不安げに佇む姿、そして、微笑む毛沢東が口に花をくわえるといった風刺の効いた作品もある。

彫刻、絵画、写真、書道、パフォーマンス、インスタレーションといった、あらゆる中国の現代芸術を目にすることが出来た。それらは千変万化の様相を示しており、時に破壊的で、エキセントリックである。彼らの表現方法は、コンセプチュアル・アートとか、ポップ・アートとか、キッチュ・アートなどといった西洋の語法を用いながら、本質的には中国そのものを内在し、書道、木工、肖像画といった伝統芸術をも完璧にデフォルムして、伝統を超越してしまっている。

『どんなにお金を持っていても、私にはバカンスなんて退屈するだけですよ。そんな私が働くのを止めたらどうなることでしょうか！』

集めた黄金を眺めるのではなく、彼は常に新たな企てに挑む。その企てが自分をどこに導くのかと好奇心でいっぱいなのだ。こうした自分の成功を彼はどのように考えているのか？

『私がパリにやって来たとき、さまざまな有名人に出会う機会がありました。彼らを実際に目にして、模範としたことが大いに役に立ったのです。みんな、天才的な人ばかりで、自分たちのアートの世界の頂点に君臨

しているような人々でした。

そんな人々が私に教えてくれたことは尽きることのない好奇心とか、仕事への情熱、粘り強さ、さらに問題提起する能力や、創造の喜びというものでした。私は理解したのです。チャンスとは天の恵みのように偶然、タダでやってくるものではないのです。それは精神的なある意味で苦行といえるものの結果なのです。

つまり、普段からつまらない軽薄なことを拒否して、常に精神の柔軟性を持ち合わせて、偶然がもたらす機会を逃さないように備えておかなくてはなりません。

自由な精神でいながらも、運命の出会いに対して、他の人間のエゴイズムによって、掠め取られぬように、いつも身構えていなくてはならないということです。

さらに、自分に関係のあることはすべて知ろうとする努力。

どんなに光り輝くものであっても、アクセサリーのような付随する二次的なもののために質を犠牲にしないこと。

目的のためには待つことも必要。

何の役にも立たぬ議論やおしゃべりは避けること。

そして、言葉だけの方法論などには従わないこと、そんなことを私は学んできたのです』

今日の彼は見た目にも元気で、常に敏捷なライオンのように世界各地を走り回っていて、隠居生活どころか、ブランド拡張への彼の欲望にブレーキを掛けることなど今も想像しがたい。疲れを見せることはないが、時には所有するグループ企業をいつか売ってしまうことも覚悟しているようだ。

もし、ひとつの仕事だけしか出来ないならば、それはファッションの仕事だと、カルダンは昔から宣言していた。

彼は一九九六年四月、マキシム・レジデンスにおいて、シラク大統領夫人、ポンピドー元大統領夫人、パリ市長チベリ夫人の臨席でオートクチュール・コレクションを開催した。

そして、一ヵ月後にはアメリカ大使館で、ハリマン駐仏女性大使臨席のもと、さらに七月十日にはアトランタでの第二十六回オリンピックの機会に、それぞれショーを開催した。

しかし、彼は今までのように春夏や秋冬といったファッション・ショーはこの国際的な時代に、もはや意味のないものだと考えている。いまや時差も季節も、飛行機で気軽に越えてしまう時代なのだ。定期的なショーから離れて、彼は、現在、特別な顧客にだけデザインを手掛けている。

『六五年のキャリアを期に、たぶん、私の好きなことだけをするように、人生のページをめくるときが来たのかも知れないと考えています。

例えば、芸術と文化メセナ活動だけに絞るとか。それと今までしたかったけれど、してこなかったこともあ

ります。

例えば、滅多にゆっくりと行けなかった各地にある私の邸宅に行くとか。企業の買い手はいくらでもいますが、私は経営よりもテキスタイルの専門家への売却を望んでいるのです。売りに出すとしても、全部すべてというわけではなく、三つの大陸に分割するでしょうね。アジア地域、ヨーロッパ地域、アメリカ地域というように複数の買い手が必要です。

ピエール・カルダンとしての事業の評価額はだいたい四億五千万から五億ユーロで、さらにマキシムの事業が五億ユーロぐらいになります。

最初はオートクチュールと、それに付随するライセンス契約の権利などしか譲るつもりはありません。その後に、マキシムのレストランとそのライセンス権を売るということになるのでしょうね。残りの、香水や不動産やブティックなどは保持しておくつもりです…』

旧式のジャガーの車がカルダンの小さな幸せのひとつだ。運転するのは何年も同じ運転手で、クリスチャンという無口で慎ましい男。彼だけがカルダンの服にブラシを掛けたり、ベッドを整えたりすることが許される、唯一人の執事である。

カルダンの生活は食べ物もいたってシンプルである。

『私は小難しい人間ではありません。トマト数切れをガーリック・トーストの上に乗せてオリーブ油をふりかければ、それだけで私は幸せなんですよ！』

そうはいっても、彼は洗練されたグルメで、料理とワインには細かいところまでこだわりを持っている。食事はいつも夢のように豪華な雰囲気の中。

シンプルだと言うものの、彼の生活はいつもけた外れの贅沢に満ちている。

平日は仕事や外出で追われることが多いので、マキシム・レジデンス・ホテルの一階にあるスイートルームで生活する。週末は数ある豪華な別荘で過ごす。冬はパリに近い風車小屋の別荘で、彼の好きな十四匹のコリー犬と真っ白なアンゴラ種の猫と共に過ごす。

夏は南仏のテウールに移り、海と空の間の絶壁に建つ別荘で過ごす。それは《パレ・ビュル（泡の宮殿）》と名付けられ、テウールの町の歴史的建造物にも指定されている。

『私は、このすべてが丸い家にいると、人生も丸く感じてくつろげるのです。宇宙の果てに向かう人工衛星の中にいるようでね。

私にとって、球体とは永遠を表わし、とても創造的で、母親の胎内でもあるのです。穴とか、丸みとか乳房とか、私はいつも自分のデザインにそういうものを取り入れてきました。

ファッションでは、私は完璧な丸みというのを追求してきました。時には幾何学模様も使いましたがね。《パレ・ビュル》は、まるで景色の中に、ひとつの壺を置いたようで、新しくもあり、とても原始的でもあるのです。それは虫とか蛇とか蜜蜂の巣とか、臓器を伴った人体のようでもあります。窪みとか乳房のような球形が、明かりに浮かび上がると、その空間はまさしく人体を思わせるのです。卵や母胎と同じくらい自然の姿である、この家が私は大好きです。たくさんの円窓から差し込む光の変化を見ていると、まるでこの地球の自転を実感できるようで素晴らしいのです』

永遠の移ろいを形にした夢の建築《パレ・ビュル》はカルダンと建築家アンチ・ロヴァグの出会いから生れた。

遠くから見ると、その姿は幻想的で、閑静なテウールの町の美しい風景の中で、エステレルという赤い絶壁にカモフラージュされた宇宙船であるかのように見える。近くで見ると、それは海の恐竜のようでもあり、原始人の巣窟のようでもあり、陸地に引き揚げられた潜水艦ノーチラス号のようでもある。カルダンが、特にこの建築を偏愛するのは有機体構造の形と、彼の建築への情熱が、完全に合致したせいでもある。

好き嫌いはともかく、この建物を前にしては誰も平然としてはいられない。ある者は、それを精神分析学上の退化現象とか、妄想の表現と言うし、また、キッチュで悪趣味だと断言する人もいるが、多くの人が、そこに天才的な創造力を認める。

ピエール・カルダンが芸術アカデミーの仲間たちを、ここに招待しようとすると、中にはこういう建物に対してためらいを見せる人もいるが、実際に現地に行って滞在すると、彼らは事前に発したためらいの言葉を撤回してしまう。

それぞれに異なる各部屋はループ状につながっている。丸い凸状で色鮮やかな卵形のドアを開けると、丸いベッドが現れ、天井も凹か凸の曲線を描き、まるで宙に浮いた宇宙船にいるようだ。

バスルームの浴槽ももちろんすべて丸い。円柱と丸い、あるいは卵形の出入り口で方向感覚が混乱するのであるが、それにもかかわらず、否定することが出来ないある種の調和が存在する。

サロン、回転式のテーブルを備えた食堂、書斎、中二階のリラックスルームなどが、柔らかい曲線で結ばれていて、独特な生活様式へ誘う。窓は視野を大きく広げ、まるで望遠レンズを通して見るような光景を見せる。

その窓からは朝も午後も太陽が差し込んで、その太陽光線の移ろいによって、建物全体が宇宙に浮かぶ日時計のようだ。

内部の床は大理石で、それがテラスのプールサイドや池まで続く。そこでは大きなイベントなどの企画も出来るようになっていて、中にはギリシャ風の野外劇場までが備わっており、毎年夏には、その地方でも最も個性的なフェスティバルが《パレ・ビュル》で開催される。

夏の楽しみを増やそうと、カルダンが七八歳を迎えたとき、南仏プロヴァンス地方のルベロンにある十一世紀の要塞、ラコスト城を買いあげ、《パレ・ビュル》と交代制で、もうひとつのフェスティバルを立ち上げた。

ラコスト城…そこは硫黄の匂いを発散する紛れもない廃墟で、あちらこちらには雑草が茂る中、金属の棒が野晒しに突き立っていて、ヴォクリューズ地方の村を見下ろしている。

今は廃墟のようになっているが、この要塞は長い年月の間、ドナティアン・アルフォンス・フランソワ・サド侯爵が所有していた。彼の小説が描くように、無垢な魂を苦しめて快楽を得るという異常性欲者として恐れられた通称、サド侯爵である。彼が生きていた時代から、乱交の場としてスキャンダラスな城だった。


『サド侯爵というのは反体制で、オーセンティックな私にとって非常に興味深い人物です。彼の作品の重要性とは社会に対する一人の人間の抵抗ということなのです。彼は常識からの解放に貢献した人間です。確かに、当時、この城は不品行とか淫乱とか快楽の館だったのでしょうが、今になっても、そんなことで非難するのは大人げないですよ！最初は管理するだけでも大変だと思いました。既にパリと南仏に劇場を持ってますからね。でも、現地に行

って、いわゆる一目惚れでしたね。まず、その場所の美しさに目を奪われたのですが、二つの納屋を使えば、三百席の劇場に改造出来るとひらめいたのです。岩壁を削れば、千席の野外劇場にも出来るのです。そこで音楽祭を開催したいと考えました』

六十年のキャリアを気前よく飾ろうとするアイデアに彼は完全に酔い痴れていた。

『私にはヴェニス人の血が流れていますからね。ヴェニス人というのは陸地も海も、商売も芸術も、権力も自由も、名誉と富も、決して二者択一の相反する別々のものとは考えなかったのです。彼らは両方を望んだのです。こうしたジャンルを越える能力と喜びが、人生を豊かに充実したものにするのですよ。私はあの素晴らしい時代を今に残す街、ヴェニスが大好きです。総督によって支配され、その時代は誰もが一度、口にしたことを誠実に実行した時代でした。ヴェニスで最も古い教会のサン・ジャコモ・ディ・リアルト教会の正面には《商人の掟は公正であること、目方を正しく量り、契約は誠実に》という文字が刻まれています。法と誠実さは行政にも適用されます。総督が死ぬと三人の行政官が判事として任命され、故人が彼の責任と約束を果たしたかどうか審査するのです。ほんのわずかでも過ちがあれば、罰則として相続人が罰金を支払

わねばならなかったのです。このようにして、祖国に尽くす真のリーダーを培ってきたのです。ヴェニスはあまりに多くの財を成してしまい、快楽と無為の生活に堕ちてしまった結果、エリートを養成する機能は失われてしまいましたが』

ヴェニスは彼の夢の都であった。一九七八年、彼はヴェニスのブラガディン家の邸宅を手に入れ、世襲遺産としての伝統様式を守りながら、これを修復した。

見事な四階建ての邸宅で、素晴らしい天井画があり、ヴェニスでは非常に珍しく周囲は庭で囲まれているという特徴がある。

ブラガディン家の最も有名な人物はヴェニス艦隊のある提督だった。戦争で彼は敵軍の捕虜となるが、彼が勇猛果敢なことはあまりにも有名で、街の誰もが、その知らせを信じなかった。ヴェニスは彼の身代金を支払うことを拒んだのだが、敵のトルコ軍は、彼が捕虜になった証として、生きたまま彼の皮を剥いだ上に、死体を八つ裂きにまでして、剥いだ彼の皮をまるで空の革袋のようにヴェニスに送り、彼の死を証明してみせた…。

ピエール・カルダンは、この素晴らしい邸宅で何ヶ月も過ごそうと思えば、過ごすこともできるのだが、いつも、国際芸術ビエンナーレとヴェニス映画祭の数日間を過ごすだけで、すぐに《帝国》指揮のためにパリに帰ってしまう。この行動力の源となるのは何なのだろうか?

現世の糧とか名誉への渇望とかだけでは説明できるものではない。たぶん、ある種の精神的な孤立感が、この熱にうなされたような行動力を読み解く鍵となるのではないか？

『私は、ある日、友人に《あなたは一人ぼっちですね》と言われましたよ。でも、それは栄光の代償なのです。それは私が創造するために支払う対価なのです。しかし、私はもっと大きな権力を持つ国家首脳とか、最も有名なアーチストたちよりも孤独なのでしょうか？創造には孤独がつきものです。創造を極めるには、孤独を求め、それを受け入れなくてはならないのです。孤独と共に、しっかりと生きるということなのです！』

ピエール・カルダンには、生来の夢中になる性格、人にも物に対しても貪欲なまでの好奇心など、どこかサンテグジュペリの描く《星の王子様》に似たところがある。

まだ挑戦することがあるとすると、なんでしょうか？と、尋ねてみると、彼は笑みを浮かべてこう答えた。

『月面に家を建てることです。リンゴのようにまん丸な家を。そうだ、その家には心棒があってくるくると回り、太陽の光をいつも浴びる家ですよ』

彼は夢物語を語っているのではない。彼はいつも物事を先取りしているだけだ。その実現にいくらお金がかかるとか、そんなことは考えない。というのも、夢を実現するには、どんな出費も決して大きすぎることはないのだ…。

ある日、ジャーナリストが彼に《もう、今では何も後悔することはなく、すべてに満足されているのでしょう！》と言った。


『私は彼にこう答えたのです。

私は仕事においても、人との素晴らしい出会いにおいても充実した人生を送ってきました。精神的にも、この人生は悪くなかったと思っています。

というのも、私が自分のことを思う、それ以上に、私は人に愛されてきましたからね、と。

私は彼に自分の子どもを持ちたかったとは敢えて答えませんでしたよ。

自分の血を引き継ぐ存在、私の肉体の一部、そんな子どもに命を与えるということは考えるだけで、私のあらゆるイマジネーションを刺激します。

何十億もの人間に与えられている最大の創造力、《子供を作る》という機会が、この私には与えられなかった…。

これは何という人生の皮肉でしょうか…』

訳者あとがき

永瀧達治

　ピエール・カルダン…その名前は団塊世代の私たちにとっては、あまりにも有名過ぎる名前である。衣服、アクセサリー、香水といったファッション・アイテムだけでなく、生活用品も数々あり、バスルームでもキッチンでも彼の名前を目にする時代があった。パーカー(万年筆)、ジョニ黒(ウイスキー)、ピエール・カルダン…それらは三種の神器と言ってもよいぐらいの昭和モダンのステイタス・シンボルだった。

　そして、カルダン・ルックのビートルズや世界のスターたちを目にしてきた団塊世代にとって、ピエール・カルダンは、それまでの古色蒼然とした《虚飾》のファッションを若者たちのファッションに解放したヒーローでもあった。

だが、彼の名前をトイレ（スリッパからマットなど）でも見るようになった頃から、エルメス、シャネル、サンローランなどと競り合っていたブランド力が確実に低下してしまったことは否めない。残念ながら、今の日本ではピエール・カルダンの名前すら知らないブランド熱中ギャルが存在するぐらいだ。しかし、『いわしの缶詰が下品で、香水が上品などと誰が決めたのだ』と言い切るピエール・カルダンにとって、ブランドを大衆化することは彼の意図したところで、それは彼自身の確信犯とも言えよう。

ピエール・カルダンには日本ではあまり知られていない、もうひとつの顔がある。それは芸術文化のメセナとしてのカルダンである。パリの《エスパス・カルダン》は前衛芸術のメッカとして、あるいは質の高いスペクタクルの拠点として国際的な評価を得ている。

デザイナーというより、ジレッタント（芸術愛好家）としてのカルダンに何度か会ったことのある私は長い間、その強烈な存在感に興味を持っていた。有無を言わせぬ威圧感があるかと思うと、まるで、内気な好青年のようなナイーブさを見せる。デザイナー、ビジネスマン、芸術家、ジレッタント（芸術愛好家）…そのどれでもあり、どれでもない。

時には専制君主のごとく振舞うワンマンな企業家であり、時には新進アーチストを父親のような愛情で育てる優しいパトロンであり、時にはパリの社交界でのゴッドファーザーのような存在であり、彼にまつわる噂にはいくつもの顔がある。

ファッションだけでなく、マキシムという老舗の有名レストランを買い取り、家具デザインやホテル経営、まさしく衣食住の生活文化をビジネスにし、フレンチ・ドリームを体現した男だ。

著者、シルヴァナ・ロレンツ女史は現代アートのギャラリーを持ち、テレビなどのメディアにおいてはコメンテーター、現代美術評論家としても活躍するが、何よりも肩書きは《エスパス・カルダン》のディレクター（館長）。本文では狩りにお供する狩猟犬に例えられているが、彼女自身もカルダンの《取り巻き》、お気に入りの一人なのである。随所にカルダン自身の言葉もはめ込まれているが、著者が自分の《部下》であることや、彼の性格から考えても、この《伝記》は本人が語り、本人がチェックし、本人が書き直しや削除も命じていたと思われる…。

本来ならばもう少し抑える《自慢話》や、アーチストたちとの《裏話》も敢えてあけすけに語り、企業の中での自らのワンマンぶりも隠そうとしない。多少、美化された気配のあるジャンヌ・モローとの恋物語から、私生活での孤独の告白に至るまで、この本は《公式伝記本》として、《子ども》のいない彼が後世に残そうと、自らの弱みさえ正直に語った遺言書の様相も帯びる。

戦後社会の変革期に、文化をビジネスにするパイオニアとして生きてきた男、ピエール・カルダン。パリを舞台にしたフレンチ・ドリームのひとつの読み物としても堪能してもらいたい。

著者略歴　シルヴァナ・ロレンズ
「エスパス・カルダン」の芸術部長を長年務める。
学芸員、マッチテレビの番組記者としても活躍。
25年間ファッション界でピエール・カルダンとともに活躍し続けてきた。
著書『私たち二人のために』(2003年)

訳者略歴　永瀧達治(ながたき・たつじ)

1949年、神戸生まれ、大阪育ち。フランス音楽＆映画評論家、翻訳家。

70年代より、評論家、プロデューサーとして、数多くのフランスの歌手を日本に紹介。

著書に『ゲンスブール、かく語りき』(愛育社)、『フレンチ狂日記』(平凡社)など。

訳書にイヴ・シモン『感情漂流』(集英社)、
ジル・ヴェルラン『ゲンスブール、または出口なしの愛』(マガジンハウス)など。

仏政府芸術文化シュバリエ(1990)＆オフィシエ章(2005)叙勲。

日仏メディア協会(TMF)理事。

ピエール・カルダン

ファッション、アート、グルメをビジネスにした男

2007年6月20日　初版第1刷発行
著者　シルバナ・ロレンツ
訳者　永瀧達治
装丁・デザイン　石山智博デザイン事務所
発行者　井田洋二
発行所　株式会社　駿河台出版社
東京都千代田区神田駿河台3丁目7番地
〒101-0062
03-3291-1676(代)
03-3291-1675
振替東京　00190-3-56669
http://www.e-surugadai.com
製版所　株式会社フォレスト
印刷所　三友印刷株式会社

ISBN978-4-411-00378-2　C0077　¥2500E